… Eure dankbare Luise

Briefe aus Afrika von Luise Zerweck, 1893/94

Für meine Kinder und Enkel

... Eure dankbare Luise

Briefe aus Afrika von Luise Zerweck

1893/94

Herausgegeben von Marie-Luise Baumert

Bibliographische Information der Deutschen Nationalbibliothek

Die Deutsche Nationalbibliothek verzeichnet diese Publikation in der
deutschen Nationalbibliographie; detaillierte bibliographische Daten sind
im Internet abrufbar über http://dnb.d-nb.de.

… Eure dankbare Luise
Briefe aus Afrika von Luise Zerweck, 1893/94

Herausgeberin: Marie-Luise Baumert
ISBN 9 7838370 44027
© 2008 Marie-Luise Baumert

Satz und Umschlaggestaltung: Uwe Nicke
Herstellung und Verlag: Books on Demand GmbH, Norderstedt

Inhalt

Abbildungen

Vorwort

Meine Großmutter Luise Zerweck muß Ende des 19. Jahrhunderts das gewesen sein, was man heute eine „starke" Frau nennt: In jungen Jahren packt sie ihre Sachen und bricht ganz allein nach Afrika in eine Missionsstation der „Baseler Mission" auf – nur ihrem Herzen folgend. Zwar ist Luise als Tochter eine Missionarsfamilie in Afrika geboren worden, doch sie wuchs auf in behüteten Verhältnissen in Württemberg.

Die Goldküste (Ende des 19. Jahrhunderts eine englische Kolonie, heute der Staat Ghana) war damals ein wirklich fernes Land – erreichbar nur über eine mehrwöchige Schiffsreise, mit einem unwirtlichen Klima und der Gefahr gefährlicher Krankheiten. Diese ungewissen Aussichten schreckte Luise nicht ab. Sie war keine Abenteurerin. Auch liebte sie ihre zurückbleibende Familie sehr. Aber noch stärker war ihr christlicher Glaube und ihr grenzenloses Gottvertrauen.

Aus Afrika sind von Luise zahllose Briefe erhalten, die uns Luise auch heute noch nahebringen: Ihr unerschütterliches Vertrauen und ihre Geduld, aber auch ihre Liebe zu ihrer Familie, die sie viele Tausend Kilometer entfernt nur in ihren Briefen zum Ausdruck bringen konnte. Und schließlich ihre Liebe zu Samuel Rottmann, meinem Großvater, den Sie in Afrika kennen lernte.

Luises Briefe stammen aus einer anderen Zeit. Ihre Schrift kann heute kaum noch jemand lesen. Aber ihre Herzensgüte und ihr fester Glaube rühren uns heute noch an. Mit der Herausgabe eines Teils dieser Briefe möchte ich diese Frau dem Leser nahebringen. Über 100 Jahre später ist ihre Geschichte für uns noch immer lebendig und inspirierend.

Rechtschreibung, Zeichensetzung und Hervorhebungen in diesem Buch entsprechen der Schreibweise in Luises Briefen. Der erste Brief ist im Anhang als Abdruck wiedergegeben.

Ich möchte meinem Cousin Jürgen Hennemann danken, der mir durch die Überlassung der Briefe unserer Großmutter die Möglichkeit gegeben hat, dieselben zu übertragen, um sie unseren Nachkommen zu erhalten. Auch meiner Tochter Yvonne und Ihrem Mann Uwe gilt mein Dank für ihren Rat und ihre Unterstützung bei meinem Vorhaben.

Mühltal, im August 2008

Marie-Luise Baumert

MAP OF THE
GOLD COAST COLONY
AND
ADJACENT TERRITORIES.

Scale 1 = 4,000,000
English Miles

Liebe Eltern und Geschwister!

So wäre ich also glücklich in Basel angekommen, und von hier aus sage ich Euch noch einmal ein herzliches „Behüt Euch Gott" und recht herzlichen Dank für alle Eure Liebe, welche ich namentlich in der letzten Zeit noch so reichlich von Euch erfahren durfte. Der liebe Gott segne Euch und schenke Euch Allen gute Gesundheit, damit wir einmal ein frohes Wiedersehen feiern dürfen.

Und nun möchte ich Euch so gut als möglich alle meine Erlebnisse erzählen, von da an, als ich Euch gestern früh verließ. Meine und unsere glückliche Ankunft in Neckartheilfingen-Reutlingen hat Euch wohl Johannes gestern abend berichtet. Als Immanuel und Johannes auch fort waren, fühlte ich erst, daß ich nun wirklich allein sei. Doch meine Einsamkeit währte nicht lange. In Tübingen stieg nämlich Frau Inspektor mit 2 Kindern ein, und wir reisten zusammen stets im gleichen Wagen. Die liebe Frau Inspektor war sehr gut und herzlich und nahm sich aufs freundlichste meiner an. Über die Reise brauche ich nicht viel zu erzählen, sie ist Euch ja gut bekannt. Zuerst passierten wir lauter bekannte Gegenden, welche wenig Abwechslung brachten. Ich ließ nochmals alle Erlebnisse der letzten Tage und Wochen an meinem geistigen Auge vorüberziehen. O, es ist alles so schnell gegangen, es ist mir wie ein Traum. Einesteils ist's mir lieb, daß es rasch ging, wir sind so leichter über den Abschied hinweggekommen, andernteils aber hätte sich bei mehr Zeit noch dies und das besprechen lassen, was vielleicht von großem Wert für mich hätte sein können. So, wie es jetzt gegangen ist, muß es auch recht sein und recht werden. Wir wollen uns geduldig darein fügen.

Immendingen brachte uns den 2. Wagenwechsel. Hier hatten wir 1 Stunde Aufenthalt, in welcher Zeit wir uns bei einem Täßchen Kaffee und verschiedenem von unserem eigenen Vorrat gütlich taten. Du, liebe Mama, hast mich wirklich gut mit Eßwaren versorgt. Das ganze Fläschchen Wein sowie Torte und kleines Backwerk habe ich alles hierher gebracht, Wurstwecken und Gugelhopfen half mir der kleine Theodor verzehren. Ich hatte gestern wenig Appetit. Den Wein nehme ich mit für die Reise nach Hamburg, freilich bekommst Du dann das nette Fläschchen nicht wieder. Jedenfalls werde ich's aufbewahren.

Von Immendingen ging's dann weiter über Waldshut nach Basel. Diese Strecke brachte vieles Schöne mit sich, besonders als wir ins Rheintal kamen. Abends ½ 7 Uhr fuhren wir in den badischen Bahnhof ein. Hier war Herr Inspektor mit einigen Kindern und begrüßte uns. Ein Mann (Friedrich) nahm meinen Koffer, und wie nett ging's mit dem Zoll. Ich hatte nämlich auf Frau Inspektor gewartet. Friedrich ging mit meinem Koffer voraus, und ich sah nur noch, wie der Zollbeamte mit Friedrich einige Worte wechselte, ein Zeichen auf meinen Koffer machte und Friedrich passieren ließ. Mein Koffer wurde nicht geöffnet, den Schlüssel hatte ich. Nun ging's per Omnibus dem Missionshaus zu, Herr Inspektor hatte einen gemietet. Hier angekommen, wurde ich von Frau Gruner aufs freundlichste empfangen und mit einer Tasse Kaffee bewirtet. Jetzt mußte ich mich ein wenig zurechtmachen zur Verabschiedung. Ich wurde noch gut fertig und lernte vorher noch Frl. Beckbach und Herren Missionars kennen. Näheres teile ich später noch mit. Um 7 Uhr war die

Verabschiedung im Betsaal. Zum Anfang sangen wir das Lied Nr. 152. Herr Insp. redete über Matthäi 16, 21 bis 25. Er redete sehr ernst und schön. Ihr werdet's dann im Heidenboten lesen.

Will schnell fortfahren. Nach einer ziemlich guten Nachtruhe machten wir, Frl. Beckenbach und ich, uns heute früh ans Besuchemachen. Zuerst bei Herrn Käfer, dann Herrn Pfarrer Grein und bei Missionar Stangers, welche Euch herzlich grüßen lassen. Zum Mittagessen waren wir bei Herrn Inspektors eingeladen und um 3 Uhr zum Kaffee bei Herrn Pfleiderers und heute Abend zu Frau Riem zum Nachtessen. Heute Abend um ¾ 6 Uhr war unsere Verabschiedung . Da wurde es einem recht feierlich und ernst zu Mute, und obwohl ich sehr gerne noch länger bei Euch gewesen wäre, so wäre es mir leid gewesen, nicht dabei gewesen zu sein. Nachdem Herr Präsident Herrn Irsenhans seine Instruktionen vorgelesen hatte, las er die meinigen vor. Die Aufgaben sind viele und wohl auch schwer, beim Gedanken daran ist mir wohl bange, ob ich auch tüchtig dazu bin. Doch der liebe Gott wird mir Kraft und Mut und die nötige Freudigkeit dazu schenken. Solange ich hier bin, werde ich Euch meine Instruktionen wörtlich schreiben und mitschicken. Für heute sei's genug.

Liebe Eltern und Geschwister! Noch eine große Bitte an Euch liegt mir am Herzen. Bitte verzeihet und vergesset mir alles, womit ich Euch beleidigt und betrübt habe. Ich weiß, ich hätte so oft manches anders machen sollen, es ist mir sehr leid. Bitte verzeihet mir alles und gedenket meiner in Liebe!

Nun gute Nacht! Es ist 12 Uhr. Morgen früh um 7 Uhr soll der Brief mit zur Leopoldshöhe.

Mit den herzlichsten Grüßen an Euch alle

Eure Luise

Meine lieben Eltern und Geschwister!

Es ist Karfreitagmorgen und ich beginne wieder einen Brief an Euch, ich möchte im Geiste ein wenig mich zu Euch Lieben versetzen. In ½ Stunde gehen Frl. Gruner und ich in die Kirche.

Meinen ersten Brief werdet Ihr vielleicht noch nicht einmal erhalten haben. Wie geht es Euch allen? Hoffentlich seid Ihr gesund. Wie freue ich mich, daß Du, lieber Papa, an Nathanael solch eine gute Hilfe hast über die Festtage. Du kannst Dich ein wenig erholen, und auch Nathanael wird bei Euch mehr Ruhe und Erholung haben als in Leipzig.

Ich kann von Ruhe nicht gerade viel hier verspüren. Gestern am Gründonnerstag war ich vormittags allein zu Hause, schrieb meine Instruktionen für Euch und las. Ich bin nämlich seit gestern früh 4 Uhr allein. Frl. Beckenbach ist von Mannheim, hat dort einen Vater und Geschwister. Sie ist der Verabschiedung wegen letzten Montag hierher gereist und ging Donnerstagfrüh wieder heim. Da Mannheim auf der Strecke nach Hamburg passiert wird, so hat Herr Inspektor Frl. Beckenbach hierzu Erlaubnis gegeben. Am Montag besucht sie noch die Eltern ihres Bräutigams und kommt abends in Hamburg an. Läge Schleitdorf nicht so sehr abseits, so hätte ich Euch auch noch einmal besuchen können. Doch das wäre bei dieser Entfernung doch zu teuer gekommen. Aber hier vergeht die Zeit rasch.

Osterfestabend, ich glaube zwischen 9 und 10 Uhr, geht's vom Bahnhof ab und Montagnacht zwischen 10 und 11 Uhr treffen wir in Hamburg ein. Dort ist dann ein gut Stück der Reise überstanden, doch geht's dann erst recht wieder von neuem an. Es tut mir sehr leid, daß Frl. Beckenbach vorausgereist ist, es wäre in Gesellschaft doch schöner gewesen.

Möchte Euch noch gerne von gestern Nachmittag erzählen. Nach Tisch machte Frl. Gruner mit mir einen Besuch bei Herrn Pfarrer Pfisterer im Knabenhaus, und da sagte Frau Pfisterer ob ich nicht auch nach Riefen zu Herrn Dieterles gehen wolle. Frau Pfarrer sagte, Herrn Dieterles würden sich sehr freuen mich zu sehen, und Frl. Gruner war sogleich bereit, mit mir dorthin zu gehen. Frl. Gruner ist wirklich sehr lieb und freundlich und so herzlich, ich freue mich sehr, daß sie hier ist. Wir nahmen schnell Abschied und machten uns bereit, noch rechtzeitig auf den Bahnhof zu kommen. Allein, als wir hinkamen, fuhr der Zug an uns vorbei, und wir entschlossen uns, zu Fuß hinzugehen. Wir kamen etwas müde in Riefen an, wurden bei Herrn Dieterles sehr freundlich und herzlich aufgenommen. Aber die liebe Frau Dieterle ist sehr krank, herzleidend und so schwach, daß wir kaum 5 Minuten bei ihr bleiben konnten. Dennoch war sie so lieb, nahm meine Hand sehr fest und setzte mich neben sich und sagte zu mir: „Du bist eigentlich auch unsere Tochter, bist Du doch in unserem Haus in Aburi geboren." Das war doch sehr lieb von ihr. Herrn Dieterles lassen Euch recht herzlich grüßen. Wir tranken dann noch mit Herrn Dieterle und seiner Schwiegertochter in einem unteren Zimmer Kaffee, mußten aber bald wieder gehen, da wir mit dem 4-Uhrzug nach Basel zurückkehrten. Hier kamen wir ¾ 5 Uhr ins Haus, und eilig ging ich nun zu Herrn Käfers, zu welchem ich zum Kaffee eingeladen war.

Heute will ich fortfahren, Euch zu erzählen. Gestern, also an Karfreitag, war ich mit Frl. Gruner in der Spitalkirche. Eigentlich wollten wir in die Bernhardtskirche, aber als wir ¾ 9 Uhr dorthin kamen, war's so voll, daß man auch keinen Raum mehr zum Stehen fand. Wir gingen nun zur Spitalkirche, wo wir gerade noch ein Plätzchen zum Sitzen fanden. Den Namen des Predigers habe ich vergessen. Aber wie anders sind die hiesigen Gottesdienste gegen die unsrigen. Da haben wir doch in Württemberg vieles voraus, unsere Gottesdienste sind doch viel herrlicher. Schon der rasche Gesang ohne Zwischenspiel waren mir ganz fremd und neu. Herr Pfarrer hatte zum Text das Wort des Schächers am Kreuz, ein sehr schönes Wort, aber ich konnte nicht alles verstehen, sodaß ich mich nicht sonderlich hingezogen fühlte. Ganz anders war es abends in der Bibelstunde, welche der liebe Herr Inspektor hielt. Er redete über das Wort: „siehe, das ist Gottes Lamm" etc. Und ich muß sagen, seine Worte erfreuten, stärkten und trösteten wohl alle, welche zugegen waren.

Also 2 mal hörte ich gestern in der Kirche das Wort Gottes, aber nicht aus Deinem Munde, lieber Papa. Ich war gestern mit meinen Gedanken sehr viel bei Euch Lieben und wünschte, zu Euch hineinsehen zu können. Ich mußte mich mit dem Gedanken an Euch zufrieden geben und mit denselben schlief ich ein und war im Traum bei Euch. Und heute morgen schien die liebe Sonne so freundlich auf mein Bett, und obwohl ich nicht im lieben Schleitdorfer Pfarrhaus erwachte, so freute ich mich doch recht herzlich, daß uns allen überall die selbe Sonne scheint, sei's in Europa, Persien oder Afrika, und derselbe liebe Gott ist es, der uns seine Sonne scheinen lässt und mit liebenden Vateraugen auf uns herniederschaut und uns behütet. Bei allem Trennungsschmerz ist dies doch sehr erfreulich und tröstlich, nicht wahr?

Doch ich bin ganz abgekommen, wollte Euch ja noch vom gestrigen Tag erzählen, so geht's, wenn man seinen Gedanken und Gefühlen einmal freien Lauf läßt. Nach Tisch durfte ich zu Frl. Gruner auf ihr Zimmer kommen. Da war es wirklich sehr nett und gemütlich. Es erinnerte mich so sehr an mein eigenes Heim, wenn Maria manchmal bei mir auf meinem Zimmer war. Frl. Gruner hat sehr viel Arbeit, und ich muß mich nur wundern, daß sie alles so gut fertig bringt und dabei stets heiter ist und jedem ein freundliches Gesicht zeigt. Eine solche Hausmutter kann nicht genug geschätzt werden. Um 4 Uhr tranken wir Kaffee und nachher machten wir zusammen Besuche. Ich habe hier so viele Besuche machen müssen, daß ich davon für lange, lange Zeit genug habe. Aber es ist doch auch sehr beruhigend und ermunternd zu wissen, daß solch liebe Leute das Werk leiten für welches wir arbeiten dürfen.

Es ist wohl der Aufregung in der letzten Zeit etwas zu viel gewesen, daher die Nachtruhe auch nicht der Art ist, wie man sich wünschen könnte. Doch wird's bald besser kommen, wenn vollends abgereist ist und man nicht mehr so viel von Abschied hört. Meinem Katarrh, welchen ich mir wohl letzten Dienstag bei dem kalten Wetter geholt habe, gefällt es, nach und nach zu weichen. Im übrigen geht's mir ganz gut, und ich hoffe, auch Ihr seid alle gesund und munter. Du, lieber Nathanael, wirst viel Freude und Leben ins Haus bringen, es freut mich sehr, daß Du jetzt daheim bist. Freilich hätt's mich auch gefreut, noch ein wenig länger mit Dir zusammen sein zu können. Heute nach dem Frühstück machte ich mich daran, Kathrine Hartmann aufzusuchen, um ihr Euren Brief zu überbringen. Kathrine ist aber nicht mehr dieselbe wie vor einem Jahr, sie hat sich das Basler Deutsch schon ganz und gar angewöhnt. Ich glaube, man kann auch in Basel seiner Muttersprache treu bleiben. K. war mit Putzen und Aufräumen beschäftigt.

Ich ging ins Missionshaus zurück und suchte Herrn Ensinger auf. Er gab mir 90 Mark. Von diesen schicke ich Euch 70 Mark. Davon sollen Marie 40 Mark gehören oder wenn Ihr wollt auch 50. Die übrigen verwendet Ihr, meine lieben Eltern. Ihr habt mir ja manches bezahlt, was ich Euch nicht gleich zurückgeben konnte. Ich hoffe, Euch später meine Dankbarkeit noch mehr durch die Tat beweisen zu können, als ich bisher konnte, einstweilen nehmt vorlieb mit meinen herzlichsten Dankesworten. Und Du, meine liebe Maria, habe auch nochmals recht herzlichen Dank für all Deine Mühe, welche Du zur Herrichtung meiner Kleider und sonstigen Sachen verwendet hast. So oft ich die durch Deine fleißigen Hände gemachten Kleider anziehe, werde ich Deiner in Liebe und Dankbarkeit gedenken. Ich hoffe, auch Dir mich später noch durch die Tat dankbar erzeigen zu können. Das Geld wird nächste Woche in Eure Hände gelangen. Ich hätte Euch gerne alles geschickt, allein nach der Aussage von Herrn Inspektors soll ich in Hamburg gewiß einen Schiffsstuhl kaufen, und dazu brauche ich etwas Geld. Heute Mittag gehe ich noch zu Frau Ensinger und noch zu einigen im Haus, und dann muß ich auch wieder meinen Koffer in Ordnung bringen, morgen abend geht's nach Hamburg ab. Von den letzten Afrikareisenden kam die Nachricht, daß sie 4 Tage

Sturm gehabt haben und alle seekrank geworden seien. Doch sind sie jetzt glücklich auf ihren Posten angelangt. Und in 4 Wochen sind auch wir im heißen Afrika. Der Aufgaben sind viele, aber ich hoffe und bitte zu Gott, daß er mir Kraft und Weisheit schenkt, daß ich auch in Afrika an den kleinen Kinderseelen zu seiner Ehre arbeiten kann. Es freut mich sehr, daß ich also aus dem eigentlichen Unterrichten nicht hinauskomme, da ich ja nicht nur Handarbeitslehrerin draußen bin.

Nun muß ich schließen. Bitte, sagt auch an alle Leute, welche nach mir fragen, herzliche Grüße. Ich freue mich sehr, bis ich einmal die ersten Briefe von Euch erhalte, vielleicht in Hamburg. Nun lebet wohl! Wünsche Euch ein recht vergnügtes Osterfest.

In herzlicher Liebe verbleibe ich mit herzlichem Gruß und Kuß

Eure Luise

Meine lieben Eltern, Tante und Geschwister!

Heute früh will ich mich schnell daranmachen, Euch nochmals herzliche Grüße und herzlichen Dank von hier aus zu senden. Gestern, als wir zu Herrn Müller kamen, war dort ein Paket für mich, welches auf unser Zimmer gebracht wurde. Abends beim Nachtessen erhielt ich Deinen lieben Brief, lieber Papa, und den von Dir, liebe Tante. Wie freue ich mich, daß Ihr so treulich meiner gedenkt. Habt recht herzlichen Dank für Eure viele Liebe, für Eure lieben Briefe, auch Dir, liebe Mama und Maria, und für den Inhalt des Pakets. Nathanael ist schon in Leipzig, wenn meine Karte und dieser Brief Euch erreichen, muß deshalb später mal an ihn und Hedwig schreiben. Nun möchte ich Euch aber noch von meinen Erlebnissen erzählen, so eingehend als es die Zeit erlaubt.

Die große Eisenbahnfahrt hat sehr müde gemacht, dazu eine schlaflose Nacht, den Tag über viele Mühen, namentlich das Aussteigen und Besuchemachen. Aber der gestrige Tag war ein Ruhetag. Um 9 Uhr tranken wir Kaffee, und um 10 Uhr kam Herr Müller und holte uns ab. Es fällt mir soeben ein, daß ich ganz vergessen habe Euch mitzuteilen, wo wir unser Absteigequartier haben. Montagnacht brachte uns die Droschke in „Fischers Hotel", Börsenbrücke 6. Im Vereinshaus darf man nicht logieren, da kamen die meisten Cholerafälle vor in jenen engen schmutzigen Straßen.

Herr Müller nahm uns dann mit auf sein Comtoir, wo wir Schiffsstühle und Helme kauften. Hernach ging's in einen Laden, wo wir noch einige nötigen Sachen für die Reise einkauften. Aber wie müde wird man von dem Gehen in einer solchen Großstadt! Und dann ging's zur Börse, wo wir dem Handeln zusahen. Welch großartiger Anblick das war! Ich kann mich leider nicht zu sehr darauf einlassen, sonst werde ich nicht fertig. Im Börsenkeller nahmen wir vorher ein gutes Vesper ein, hier ist aber alles Essen und Trinken sehr teuer.

Mittlerweile war es nun 2 Uhr geworden, und in einem Hotel am Alsterbecken tranken wir Kaffee. Dieses Alsterbecken ist wirklich schön und der Verkehr mit kleinen Dampfschiffen, Ruder- und Segelbooten sehr lebhaft. Etwas vor 4 Uhr kamen wir heim, und um 5 Uhr schickte Herr Müller einen Herrn Hartmann, welcher uns zum Hamburger Hafen brachte. Aber wie unangenehm enttäuscht war ich. Nach Beschreibungen, deren ich schon viele gelesen habe, habe ich mir alles viel großartiger vorgestellt. Und hier in der Elbe lag unsere „Gertrud Woermann", welche für die nächsten 3 Wochen uns Heimat und alles sein soll. Gerne wären wir hinübergegangen, allein das Schiff war rings mit Booten umgeben, welche die Ladung brachten, und auf dem Schiff selbst war ein reges Leben und Treiben: Matratzen etc. wurden auf dem Deck ausgeklopft und gereinigt. Wir begnügten uns mit dem Anblick unserer „Gertrud" und kehrten wieder um. Ihr könnt euch denken, wie matt und müde wir waren. Um 8 Uhr aßen wir zu Nacht, und zwischen 10 und 11 Uhr gingen wir zur Ruhe. Allein die Nachtruhe war keine gute, im Zimmer war eine Maus, und Frl. Beckenbach fürchtete sich. Als der Morgen kam, waren wir sehr froh. Auch im Hotel ist eine große Unruhe des Nachts, ein fortwährendes Kommen und Gehen von Gästen.

Wenn ich selbst noch etwas über Hamburg sagen soll, so muß ich ehrlich sagen, ich hatte mir mehr vorgestellt nach den verschiedenen Beschreibungen, welche ich schon las. Es ist alles flach und eben, kein Berg ist zu sehen. Hamburg ist recht schmutzig, lauter schwarze Häuser und selbst wird man schwarz und rußig, als hätte man nichts anderes zu tun gehabt als mit Kohlen umzugehen. Einige schöne breite Straßen haben wir passiert, die übrigen sind alle schmutzig und eng, namentlich im alten Hamburg. Und der Hafen vollends! Freilich, die trübe Witterung mag viel dazu beitragen, und schöner wird's sich ausmachen, wenn man auf dem Dampfer hereinfährt.

Heute früh wird unsere „Gertrud" weggedampft sein, und morgen früh 8 Uhr gehen wir mit einem kleinen Boot ihr nach, bis wir nach 2 Stunden an Bord der „Gertrud" gehen werden. Dann beginnt die große Reise.

Für heute seid alle sehr herzlich gegrüßt und geküsst von

Eurer Luise

Die Reise der „Gertrud Woermann" im Frühjahr 1893

Bildnachweis: SLUB Dresden / Deutsche Fotothek / Asmus Steuerlein

An Bord der „Gertrud", den 6. 4.1893

Meine Lieben alle!

Wie merkwürdig! Heute morgen schrieb ich in Hamburg noch eine Karte an Euch und schickte sie ab in der Meinung, wohl längere Zeit Euch nicht mehr schreiben zu können. Und erst 3 Stunden sind wir an Bord unserer „Gertrud" und schon beginne ich, Euch wieder zu schreiben.

Also, wie Ihr seht, sind wir glücklich an Bord angekommen. Möchte Euch in kurzem den Verlauf des heutigen Tages erzählen, um 10 Uhr nämlich muß ich den Brief abgeben, wenn er von Cuxhaven abgeschickt werden soll, und das möchte ich gerne haben.

Nachdem ich heute morgen Eure Karte beendigt hatte, ging ich mit Frl. Beckenbach und Frau Irsenhans noch einmal in die Stadt, wo wir noch einiges zu besorgen hatten. Mein Schlößchen an meinem schwarzen Handkofferle ist sehr schlecht, hängt sich von selbst aus, deshalb kauften wir noch einen schwarzen Lederriemen, damit der Koffer wenigstens zusammenbleibt. Nachdem wir unsere Besorgungen gemacht hatten, kehrten wir wieder in Fischer's Hotel zurück und nahmen noch ein ordentliches Mittagessen ein. Um 1 Uhr wurden unsere Gepäcke, im ganzen 21 an der Zahl, von einem Wagen abgeholt und zum Hafen befördert. Wir selbst gingen mit Herrn Müller zu Fuß, es war nicht zu weit und noch genügend Zeit. Um 2 Uhr sollte der Tender ablegen, allein bis alle Passagiere sich eingefunden hatten, wurde es ziemlich verspätet. Wir warteten ganz geduldig im Wartesaal, und ich muß schon sagen, da pochte mir das Herz ein wenig. Herr Müller war stets sehr gut und freundlich, und auch in der letzten Abschiedsstunde vom heimatlichen Boden sprach er uns immer guten Mut zu. Ich dachte an Euch, meine Lieben alle. Meine Gedanken, so verschiedener Art, meist wehmütig, es ist mir unmöglich, dieselben Euch zu beschreiben. Schon 10 Tage oder darüber bin ich von Euch Lieben getrennt, und doch war dieser letzte Abschied sehr, sehr schmerzlich. Mit Tränen in den Augen, ich konnte nicht anders, bestieg ich das Schiff, welches uns zum großen Dampfer brachte. Um ¾ 3 Uhr verließen wir Hamburg. Ganz allmählich, aber unaufhaltsam entfernten wir uns dem heimatlichen Boden. Es ging sehr sachte die Elbe hinab. Die Elbe, sie ist doch ein majestätischer Strom, eine solche Breite, nein, so hätte ich's mir doch nicht gedacht. Überhaupt war der zweite Eindruck von Hamburg bedeutend besser als der erste. Und heute das prachtvolle Wetter, man hätte meinen können, es wolle uns den Abschied erleichtern, doch war uns nicht so wonnig und heiter zu Mute.

Das Land entfernte sich immer mehr unseren Blicken. Um 5 Uhr waren wir an Bord der "Gertrud". Es ist ein herrlich eingerichtetes Schiff. Später vielleicht kann ich mehr darüber schreiben, heute muß ich eilen. Von Seekrankheit noch keine Spur. Es geht auch immer noch so schön ruhig die Elbe hinunter, in der Nordsee soll es anders kommen. Wie froh bin ich, Euch heute abend noch schreiben zu können, wer weiß, wie es uns morgen früh zu Mute ist. Nach dem Nachtessen hatten wir schönen Himmel und Abendrot, auch die Nacht ist hell. Wenn wir morgen früh aufstehen, ist alles Land verschwunden, und wir befinden uns in der See.

Nun allen gute Nacht und fröhliches Erwachen.

Mit herzlichem Gruß und Kuß

Eure dankbare Luise

Meine lieben Eltern und Geschwister!

Freitag Abend können Briefe abgegeben werden, und diese Gelegenheit möchte ich doch nicht ungenützt vorübergehen lassen.

Nun heute will ich einmal alle Lust und Kraft zusammennehmen, um Euch Lieben Nachrichten von mir zu geben. Nächsten Samstag den 15. sollen wir an Madeira ankommen. Ich kann mir ja gut vorstellen, daß Ihr ebenso auf Nachricht wartet wie ich; nur ist der Unterschied dabei, daß ich mich länger gedulden muß als Ihr. Doch will ich ja gerne warten, wenn allemal die Nachrichten gut lauten, daß alle gesund sind.

Meinen Brief von Cuxhaven werdet Ihr unterdessen erhalten haben. Und Ihr habt daraus vernommen, daß wir glücklich auf unserer „Gertrud" angekommen und abgedampft sind. Am ersten Abend und dem darauffolgenden Tag waren wir vergnügt und glücklich miteinander. Zuerst die Elbe und dann die freie Nordsee waren wunderschön; war spiegelglatt. Wir sahen so vieles Neues und Interessantes, was uns Unterhaltung und Vergnügen machte. (...) Stillschweigen währte allemal nicht lange. Wir konnten wohl beide nicht schlafen und eine frug: „Schläfst du nun?" und auf das „Nein" gings wieder von Neuem los. Doch in den nachfolgenden Nächten ging es ganz ruhig zu. Wohl der schreckliche Schiffsgeruch hat den Mut ziemlich abgekühlt. Oben auf dem Deck ist's schön, aber unten ist's fürchterlich. Abends kostet es immer eine große Überwindung bis der

Entschluß hinunterzugehen ausgeführt wird. Morgens braucht es dann aber ziemlich lange, bis man bereit ist zum Hinaufgehen, es sind so viele kleine Dinge, die getan sein müssen, aber vielleicht atmet man dann oben. Wir sind eine hübsche Reisegesellschaft. In Hamburg kam die Bremer Schwester zu uns, somit sind wir 5 Reisegenossen. Außer uns reisen noch 5 Herren I. Kajüte, ganz anständige, angenehme Leute. Und unser Herr Kapitän ist ein feiner, guter Mann, welcher recht nett für alles sorgt. Die Herren speisen mit dem Ersten Offizier und dem Ersten Maschinisten am Tisch links, wir „Damen" mit Herrn Irsenhans und mit dem Herrn Kapitän und Schiffsarzt am Tisch rechts. Die Unterhaltung ist oft eine recht lebhafte und interessante. Am schönsten ist aber, daß die Damen sich mutiger zeigen und beweisen als die Herren. Wir sind jeden Morgen zuerst auf Deck mit Herrn Irsenhans, die anderen Herren erscheinen gewöhnlich erst zum Frühstück um acht einhalb Uhr. Es ist eine wunderliche Tageseinteilung. Der Magen, ja der ganze Mensch muß sich erst daran gewöhnen. Morgens sieben bis acht Uhr wird Kaffee, Thee oder Cacao serviert, doch konnte ich mich bis jetzt noch nicht entschließen, Kaffee zu trinken. Denn gewöhnlich warte ich bis 8 ½ Uhr bis zum Gabelfrühstück, doch habe ich bis jetzt noch nicht viel Esslust verspürt. 12 ½ Uhr ruft die Glocke zum Lunch und abends zum Mittagessen. Alles wird anders gekocht und zubereitet als unsere schwäbische Kost, an alles muß man sich gewöhnen. Thee ist mein liebster Trank, doch mittags zum Lunch wird Wein mit Wasser getrunken. Gestern Abend haben wir vier weiblichen Personen 2 Wasserflaschen geleert, die See- und Salzluft trocknet aus, daher viel Durst. Sogar Cognac haben wir morgens schon ein wenig getrunken, das tat im Magen gut. Auf dem Schiff giebt's nur männliche Bedienung. Die Stuarts sind recht ordentliche Leute, anständig und, soviel ich bemerke, auch ehrlich.

In den ersten Tagen war es so kalt, daß uns Mäntel und Tücher nicht genug schützen konnten. Doch jetzt spürt man es ganz merklich, man steuert dem Süden zu, der Wind ist angenehm lau. In der Nacht von Freitag auf Samstag und den ganzen Samstag war ein starker Nebel; es wurde immerfort getutet. Herr Irsenhans kam in unsere Cabine und sagte uns, was das bedeute, damit wir keine Angst bekämen. Dies war sehr freundlich von ihm. Das Tuten ist auch ein grauenerweckender Ton, ich schreck' jedes Mal ganz zusammen. Der Nebel war so dicht, daß man nichts sehen konnte, und damit schwankte das Schiff ganz schrecklich. Wir hatten keine stürmische, aber eine sehr bewegte See; die Wellen schlugen fürchterlich an und hatten weiße Kämme. Auch im Golf war's noch so, aber jetzt im freien Ozean ist's etwas ruhiger, doch schwankt es bedeutend, und ich muß Euch bitten, mit diesem Geschreibe vorlieb zu nehmen.

Samstagabend lichtete es auf, und es kam sogar ein kurzer, aber freundlicher Sonnenblick durch die Wolken. Wir sahen, wohl etwas verschleiert, die Kreidefelsen Englands und Dover, später auch ein klein wenig Frankreich. In der Nacht haben wir den Anblick der französischen Küste verschlafen.

Auch auf dem Schiff folgt auf Samstag Nacht ein Sonntag Morgen. Aber welch ein Sonntag dies war! Nein, ich mag gar nicht mehr daran zurückdenken! Frau Irsenhans und Frl. Beckenbach waren schon seekrank; ich fühlte mich auch so etwas, doch kam's nicht zum Ausbruch. Daß ich seekrank gewesen wäre, kann ich nicht sagen, es kam nur einmal zum

Erbrechen. Doch hatte ich ein solch ängstliches, banges Gefühl, eine solche Mattigkeit und Müdigkeit in allen Gliedern, daß ich wirklich zu faul zum Denken, noch mehr zu was anderem fähig war. Und die Eßlust fehlte mir gänzlich, so daß ich einige Mal die Glocke umsonst läuten ließ und nicht bei Tisch erschien. Dieser Zustand, ich kann ihn gar nicht beschreiben, war zu schrecklich; ich war ganz teilnahmslos gegen alles, was um mich vorging. So ging es Sonntag und Montag, aber gestern früh fühlte ich mich um vieles erleichtert, ich fing an, etwas zu lesen und zu schreiben, und wie herrlich! Heute bin ich ganz wohl. Den Thee heute früh ließ ich schlüpfen, aber um 8 ½ Uhr setzte ich mich mit ziemlichem Appetit zu Tisch. Und jetzt ist's 12 Uhr nach der Schiffsuhr, in kurzem wird wieder die Glocke ertönen, und ich kann mich darauf freuen. Die Pausen zwischen den Mahlzeiten sind ziemlich lang, wir ergötzen uns allemal dazwischen hinein an Äpfele und Backwerk, welche einzelnen gehören, aber schwesterlich geteilt und verzehrt wird. Geteilte Freud' ist doppelte Freud'.

Jetzt gewinnen unsere gemeinsamen Andachten auch wieder mehr Teilnahme. Wie schrecklich, letzten Sonntag ganz ohne Kirche zuzubringen, und wir waren völlig teilnahmslos, auch nur eine Predigt anzuhören, so daß Herr Irsenhans sich weiter keine Mühe gab. Aber wie glücklich wir sind, daß es allen wieder gut geht. Herr Irsenhans ist nicht ganz wohl, sein Katarrh weicht nicht, und er ist fieberisch. Doch wie schön war's gestern Abend, als wir nach Tisch auf dem Deck waren. Zuerst gingen wir auf und ab und sangen, nachher setzten wir uns, und Herr Irsenhans sprach so liebe, herzliche Worte zu uns, teilweise von seinen afrikanischen Erfahrungen. Es war mir so ans Herz geredet, und ich wünschte nur, Du, lieber Papa, wärst auch hier gewesen. Ich verehre und liebe Herrn Irsenhans und seine liebe Frau, ich bin wirklich sehr dankbar, mit ihnen reisen zu dürfen. Doch ist meine Natur nicht so, äußerlich dies zu zeigen, und es fällt niemand ein, dies zu glauben. Und unsere liebe Schwester Lottchen ist wirklich aufopferungsvoll. Wie viel Liebe und Freundlichkeit sie uns erweist, das ist nicht zu sagen. Ich glaube, sie gäbe vollends alles her. Wie schön und angenehm ist es, mit solchen liebenswürdigen Menschen reisen zu dürfen, man kann von ihnen nur Gutes lernen. An Frl. Beckenbach habe ich eine liebe Freundin gefunden. Sie ist älter und hat mehr Erfahrung als ich. Wenn ich darüber nachdenke, so komme ich mir oftmals als ein rechtes Kind vor – ich habe so Vieles zu lernen. Es ist gut, daß ich auch in Afrika liebe, erfahrene Leute finden werde, die mir mit Rat und Tat behilflich sein werden, sonst käme ich mir ganz verlassen vor. Doch Einer ist ja immer da, der über mir wacht und mich mit liebenden Vaterhänden trägt. Sein Kind möchte ich immer mehr werden.

Wir haben in den letzten Tagen sehr viel Neues gesehen und erlebt, daß ich gar nicht alles aufnehmen konnte. Einesteils fehlte wohl auch der Mut und die Freudigkeit, alles zu betrachten. Das Rauschen der Wellen tönt immer in den Ohren, ich habe oft und sehr heftig Kopfschmerz. Doch heute ist auch dieses besser, und an das Rauschen der Wellen wird man gewöhnt, doch ertönt es immer noch nicht wie liebliche Musik meinem Ohr. Ich bin eigentlich froh, daß ich nicht am Meer stationiert werde; was macht es, wenn's immer vielleicht auch etwas heißer ist.

Ich habe gegenwärtig Muße, über so Manches nachzudenken. Komme ich mit meinen Gedanken an meine Instruktion und Bestimmung, so will mich beinahe der Mut verlassen und mich bedünken, ob ich auch fähig bin, alles zu vollbringen. Ich hoffe, in Afrika darf man noch mehr die Hilfe Gottes erfahren. Lehrerin war ich ja stets von Herzen gern, und ich hoffe, Mut und Freudigkeit kehren zurück, wenn ich einmal wieder festen Boden unter den Füßen habe. Ich schäme mich vor mir selbst, daß ich gegenwärtig so faul bin; es wird doch auch wieder anders kommen; es war ja noch nie meine Art, die Zeit so unnütz zuzubringen. Gegenwärtig mag ich nur lesen und schreiben, oft nicht einmal das. Du, liebe Mama, hattest ganz recht, mir keine Handarbeit einzupacken, und hätte ich eine angefangen, wollte ich's nicht einmal tun. Häkchen und Garn habe ich im Körbchen, ich könnte ja anfangen, wenn ich Lust dazu hätte. Daß sich der Mensch so ändern kann, hätte ich doch nicht geglaubt, aber Ihr glaubt und hofft doch auch mit mir, daß die frühere Arbeitslust wieder zurückkehrt. Etwas zu entschuldigen ist die Arbeitscheu, wenn ich's so nennen will, wenn ich an die Aufregung der letzten Zeit zurückdenke. Es war doch in wenigen Tagen sehr viel, das auf mich einstürmte, und der Abschied war sehr schwer. Erst jetzt fühle ich, was ich zurückgelassen. Doch reut es mich bis jetzt noch nicht, diesen Weg gegangen zu sein. Ich glaube ganz fest, daß der liebe Gott diesen Gedanken nach Afrika mir ins Herz gelegt hat und Er wird auch mit mir sein. Aber nun sagt mal, wie einen die Gedanken irreführen können. Ich wollte Euch doch von meinen Erlebnissen erzählen, und nun bin ich so weit abgekommen. Aber was soll ich noch erzählen, ich habe schon so viel und lange geschrieben und es langweilt euch am Ende nur. Wenn ich über mein Geschreibsel nochmals gehe, so muß ich denken, daß es euch, liebe Eltern, so ganz bekannt und alltäglich vorkommt, habt ihr doch selbst schon die selbe Reise gemacht. Ich bitte Euch deshalb, Euch gedulden zu wollen, vielleicht kann ich von Afrika mehr mitteilen, das Euer Interesse erweckt. Die lieben Geschwister werden vielleicht mehr Unterhaltung finden.

Heute ist Mittwoch, morgen sind es 8 Tage, daß wir auf dem Dampfer sind. Gestern war der Geburtstag des lieben Johannes – ich will ihm heute oder morgen noch schreiben.

Gestern und heute sahen wir Fische im Ozean, Delphine und heute sogar einen Walfisch von etwa 3 Meter Länge. Und Dampf- und Segelschiffe sind schon viele an uns vorübergezogen. Gestern Abend sahen wir „Gretchen Woermann" – vor wenigen Tagen „Fürst Bismarck", den schnellsten Dampfer, und neulich sahen wir auch ein Kriegsschiff. Und gestern sahen wir auch einen Teil der spanischen Küste, schöne, hohe Berge. Aber heute ist's ziemlich einförmig, Himmel über uns, Wasser unter uns. Wie schade! Der Himmel bewölkt sich, hoffentlich giebt's keinen Sturm, Regen wird's ja jedenfalls geben.

Daß „Arbeit das Leben süß macht", habe ich heute sehr erfahren. Die Zeit geht rasch dahin, ein immerwährendes Weiterschreiten und wie schön ist es, der Dampfer geht unverrückt weiter, ob wir arbeiten oder nicht, ob wir wachen oder schlafen. So geht auch der liebe Gott im Himmel weiter und achtet nicht auf der Menschen Thun.

Nach Hamburger Zeit habe ich jetzt 4 ½ Uhr, aber die Schiffsuhr zeigt ¾ 3 Uhr. Wir sind Euch nun schon eine gute Zeit hintendrein, Ihr habt bald Abend, während wir noch schönen Mittag haben.

Heute abend zwischen 10 und 11 Uhr sollen wir Madeira erreichen, und ich will mich beeilen, den Schluß des Briefes zu machen. Wir haben sehr bewegte See, starken Wind, das Schiff schwankt fürchterlich. Ich schreibe oben im Rauchsalon, auf dem Deck wäre zu befürchten, daß der Wind wieder meine Tinte umwürfe wie neulich. Heute werden die Segel hochgezogen, und bald werden wir ganz von ihnen umgeben sein. Die Sonne sticht schon sehr empfindlich, man muß sich gegen sie schützen. Es ist sehr schade, daß ich damals in Stuttgart vergessen habe, mir eine farbige Brille oder Zwicker zu kaufen. Das Licht blendet meine Augen furchtbar. Vielleicht wird's in Afrika etwas besser. Wir kommen in Madeira nicht selbst an Land, der Aufenthalt dort währt zu kurz. Ich freue mich auf den Anblick von Land sehr herzlich. Schön muß es sein, da alle die dortige Schönheit so sehr rühmen. Noch mehr freue ich mich aber, wenn wir in 14 Tagen in Accra landen und ich hoffentlich für lange Zeit festen Boden unter den Füßen verspüren darf.

Und nun, wie geht es Euch, meine Lieben, seid Ihr alle gesund und munter? In Gedanken bin ich so oft bei Euch und stelle mir Euer Thun und Treiben recht lebendig vor.

Ich muß nun schließen. Lebet wohl! In herzlicher, dankbarer Liebe umarmt und küsst Euch

Eure Luise

Liebe Eltern und Geschwister!

Gestern in Madeira, heute in Teneriffa! Es ist Sonntag, der 16. April. Ich hoffe, Ihr seid alle wohl. Wir verspüren die Seekrankheit; doch heute Nachmittag geht's ordentlich. Wir freuen uns sehr, an Land zu kommen. In Santa Cruz wollen wir's uns diesen Abend schmecken lassen.

Aus diesen 2 Speisekarten könnt Ihr sehen, was uns in den 2 letzten Abenden aufgetischt wurde. Ich habe großes Verlangen nach unserem Schwarzbrot. Eine Speise, welche gut schmeckt, wäre mir lieber als alle dieses zusammen. Freilich fehlt der Appetit.

Schon heute Vormittag 10 Uhr sahen wir den Pic von Teneriffa. Ein prachtvoller Anblick! Seine Spitze trägt Schnee. Was Berge und Höhen betrifft, so ist der Anblick Teneriffas noch großartiger als der von Madeira.

Mit Gruß

Eure Luise.

Speisenkarte

Postdampfer   **„Gertrud Woermann"**

Den 14. April 1893

Weinsuppe
Rauchfleisch mit Erbsenpuree
und Sauerkraut
Salmy von Ente mit Kartoffel
Compott
Omelettes Confiture
Butter   Käse
Dessert   Caffee

Den 15. April 1893

Boullion mit Knödeln
Gebäck. Fische mit Kartoffel
Ochsenbraten
mit jungen Erbsen und Wurzeln
Kartoffel
Pfannekuchen mit Brombeeren
Butter   Käse
Dessert   Caffee

Meine lieben Eltern und Geschwister!

(...) Also letzten Sonntag brachte uns der Dampfer glücklich und wohlbehalten nach Teneriffa. In Santa Cruz haben wir abends einige fröhliche Stunden verlebt. Ich glaube in der Nacht gingen wir weiter, und Montag abends 6 Uhr erreichten wir Gran Canaria und ankerten Las Palmas gegenüber. Gerade noch vor Tisch genossen wir den wunderbar lieblichen Anblick, und später strahlte es uns im Glanz der unzähligen Lichter entgegen. Wir freuten uns über die ruhige Nacht, lag doch das Schiff ohne Schwanken da. Im Schlafe träumte ich von der großen Freude, hatten wir ja doch die herrliche Aussicht, den ganzen nächsten Tag auf dem Lande zubringen zu dürfen. Unser Dampfer mußte neue Vorräte und Kohlen aufnehmen, und unser liebenswürdiger Capitän Jensen riet uns, so früh als möglich uns aus dem Staub zu machen. Wir waren gleich dabei. Dienstag früh 9 Uhr brachte uns ein Boot zum Land. Ein herrlich blauer Himmel, die schönste Sonne strahlte über uns, die Erde im prächtigsten Grün mit den bunten Farben, ringsum lachte uns alles an, als ob sich die Natur an unserem unaussprechlichen Glück beteiligte. Mit der Dampfstraßenbahn fuhren wir zur Hauptstadt Las Palmas. Der Landungsplatz liegt nämlich eine große Strecke entfernt, der Boden ist sandig, und es war heiß, wir hätten nicht zu Fuß gehen können. Von Las Palmas machten wir einen Ausflug in die Berge. Im Zickzack führt die Straße hinauf, unser Wagen, von 3 Pferden gezogen, eilte vorwärts. Wir konnten uns nicht genug an all der Pracht und Herrlichkeit, welche sich da vor unseren Blicken entfaltete, freuen. Süßer Blumenduft umwehte uns. In lauten Ausrufen machte sich die Freude geltend. Doch warum saß ich so still an meinem Platz, bis endlich Herr Irsenhans mich aus meinem Nachsinnen weckte. Körperlich war ich da, aber meine Gedanken waren weit, weit fort. Sie flogen zu Euch, meine Lieben, und im Geiste war ich bei Euch. Ja, wäre eines oder das andere von Euch bei mir gewesen, hätten mit mir die Herrlichkeit der Natur betrachtet und über die Größe Gottes, wie sie an diesem Tage in diesem wunderschönen Stück Erde so herrlich zu sehen und zu fühlen war, gesprochen, ja dann wäre mein Glück vollständig gewesen. Als wir weiter die Höhe hinaufkamen, gewannen wir einen wundervollen Ausblick auf die See, und ein scharfes Auge konnte vielleicht unsere „Gertrud" erkennen. Auf „Monte" machten wir Rast und speisten zu Mittag. Einige Stunden waren wir oben, da erschienen unser Herr Capitän und Herr Doktor. Mit ihnen fuhren wir noch weiter und genossen gemeinsam die Schönheit der Natur. Freudige Stunden fliegen nur so dahin. Wir mußten bald an unseren Rückzug denken. Auf unserer Rückfahrt machten wir an einem wunderschönen Garten, den wir schon beim Hinweg bewundert hatten, halt. Wir wurden eingelassen und konnten nun in nächster Nähe die herrliche Blumenwelt anstaunen. Alle möglichen Blumen waren zu sehen. Blumen, welche Du, liebe Mama, mit vieler Mühe und Sorgfalt pflegst, wachsen hier beinahe wild, fast ohne jegliches Zutun einer menschlichen Hand. Alle Arten von Kaktus wachsen auf Steinhäufen und Mauern und dazu schöner und üppiger als bei uns in der besten Erde. Zum Schluß wurde jede von uns „Damen" mit einem herrlichen Blumenstrauß beschenkt, und die Herren bekamen Rosenknospen ins Knopfloch. Dankbar und voll befriedigt kehrten wir zu unseren Wagen zurück, und in schnellem Trab ging's den Berg hinunter, immer näher dem verlassenen Meere. Nochmals wurde unsere Fahrt unterbrochen, um einer katholischen Kirche unseren Besuch abzustatten. Aber diese fanatischen Katholiken, die hier sind! Gleich kam uns der Diener entgegen und erkundigte sich, ob wir katholisch wären. Nachdem er hörte, daß wir alle Protestanten sind, gab es einen ziemlichen Wortwechsel, bis er uns erlaubte, umherzugehen. Und welche Unterhaltung! Er sprach spanisch. Das war ein Mienen- und Zeichenspiel! Zum Glück konnte Herr Doktor einige spanische Brocken. Unsere schönen armen Blumen mußten wir mit unseren Tüchern bedecken, um der Heiligkeit der Kirche keinen Eintrag zu tun. Auf den Zehen schlichen wir umher, um die wenigen Beter nicht zu stören. Wir durften kaum lispeln, der Diener bedeutete uns immer, ruhig zu sein. Aber diese prachtvollen Gemälde hättet Ihr sehen sollen. Ich glaube, keine katholische Kirche Deutschlands besitzt solch schöne, gute, getreue Ölgemälde, wie z.B. Christus in Gethsemane, Christus vor dem Hohen Rat, vor Pilatus, die Kreuzigung etc. Fast die ganze Leidensgeschichte des Herrn Jesus sahen wir hier im Bild dargestellt. Ich habe diese noch nie so gesehen, einstimmig wurden die wirklich schön und wohlgetroffenen Bilder bewundert. Aber dieser Gottesdienst! Kann man überhaupt von einem solchen sprechen? Wir alle waren überrascht, keine Plätze zum Anhören des Wortes Gottes, der Predigt, zu sehen. Hier geht scheint's alles im Bilderdienst auf. Im Innersten meines Herzens danke ich Gott, daß wir gut evangelische Christen sind und das am reinen Evangelium erleben dürfen.

Wir mußten eilen, es wurde Abend, und wir wollten noch eine Schwester besuchen, welche am Hospital in Las Palmas angestellt ist und trotz vielen Schwierigkeiten mit viel Liebe wirkt. Diese Schwester war sehr erfreut und dankbar über unseren Besuch. Sie steht ganz alleine da, umgeben von spanischen Leuten. Kein Wunder, daß sie sich so sehr freut, wenn sie einmal von Deutschen besucht wird. Etwa um 8 Uhr kehrten wir durch Sand und über Steine stolpernd mit Mühe den Weg findend zum Landungsplatz zurück, stiegen in unser Boot, und nach etwa 5-10 Minuten waren wir an Bord. Ich will über das, was wir hier sahen, nicht viele Worte machen. Der Gegensatz war zu groß! Wo wir hinsahen und was wir anrührten, alles war ganz schwarz, unsere Hände, ja sogar unsere Gesichter zeigten deutliche Spuren hiervon. Verwundert sahen wir uns an, es war nur ein Glück, daß eines dem anderen gleich sah. Wir waren viel zu müde und zu matt, um uns viel daraus zu machen, denn der Eindruck des Tages war viel zu groß. Dankbar, daß das Schiff noch ruhig stand, gingen wir zwischen 10 und 11 Uhr zur Ruhe. Um Mitternacht sollte es weitergehen, allein das Kohlenverladen währte länger, und erst Mittwoch früh 6 Uhr setzte sich der Dampfer in Bewegung. Und seither ging's ohne jeglichen Aufenthalt weiter. Aber der Aufenthalt in Las Palmas hat uns allen eine liebe, freundliche Erinnerung zurückgelassen, wir zehren noch davon beim täglichen Einerlei. Es vergeht kein Tag, an welchem Klara oder ich uns nicht durch einige Worte an die gesehene Herrlichkeit erinnern. Und seitdem wir an Land gewesen sind, bin ich ganz wohl. Keine Seekrankheit hat sich mehr eingestellt, so daß ich mit Lust ein wenig Handarbeit treibe, lese und schreibe. Vom Nichtstun wird man faul. Mit dem größten Behagen lege ich mich mittags nach Tisch auf den Sopha, nehme ein Buch zur

Hand nur um sicher einzuschlafen. Die Tage gehen auf diese Weise rasch dahin. In den letzten Tagen sahen wir das herrliche Meerleuchten und den schönen Sternenhimmel.

Es ist Sonntag Abend 9 Uhr nach der Schiffsuhr. Der dritte Sonntag auf dem Schiff geht seinem Ende entgegen, ich muß sagen, es war dies der schönste Sonntag, welchen ich bis jetzt auf dem Dampfer erlebt habe. Wir konnten leider keinen Gottesdienst besuchen, aber Herr Irsenhans hat gelesen, gesprochen und gebetet, das war schön und herzlich. Ich war auch bei Euch im Geist. Ihr hattet heute den ersten Abendmahlsgang mit den Neukonfirmierten. Möchte dieser für alle von großem Segen für Zeit und Ewigkeit sein! Und Du, lieber Papa, bekommst es jetzt etwas ruhiger. Ihr hattet in der letzten Zeit viel: Klassenwechsel, Konfirmation, Prüfung, Abendmahl.

Heute will ich Schluß machen. Morgen erreichen wir Monrovia, und da möchte ich den Brief abgeben. Monrovia ist die letzte Station vor Accra, da Briefe der Post übergeben werden können. Montag, den 1. Mai sollen wir in Accra landen, d.h., wenn die Reise vollends gut vonstatten geht und das Landen glücklich ist. Wir sind vom besten Wetter begünstigt worden. Keinen Sturm gehabt, über uns, mit wenigen Ausnahmen, ein ewig blauer Himmel mit freundlich strahlender Sonne, unter uns die unübersehbare See. Aber die Hitze ist fürchterlich. Hüte und luftige Kleider können nicht mehr dagegen schützen. Es wird ja morgen besser kommen, so werden wir täglich vertröstet. Ich bin begierig, wie's ist, wenn ich einmal in Abokobo bin. Die Reise soll von Accra nicht so rasch vor sich gehen nach der Aussage von Herrn Irsenhans. Doch Thatsachen beweisen, und spätere Briefe werden Euch von allem ausführlich berichten.

Heute ist Schwester Lottchens Geburtstag. Frl. Beckenbach und ich haben ihr eine kleine Überraschung und zugleich Freude bereitet. Schade, daß man nicht alles vorher weiß, ich hätte der lieben Schwester so gerne etwas Besseres gegeben, sie hat mir und uns allen viel Liebes und Gutes gethan. Gestern abend machten wir unsere Sächlein für sie zurecht. Klara hatte ein gehäkeltes Deckchen, ein Bild und Gutsle; ich gab etwas Briefpapier, ein Bild, meine Photographie und auch Gutsle. Wir wickelten die Sachen in weißes Papier ein, die Gutsle auf einen Teller und überschrieben die beiden Päckchen. Schwester Lottchen ist immer früher auf Deck als wir. Diesen Morgen nun breiteten wir ein weißes Taschentuch auf ihrem Sopha aus, stellten den Teller mit Blumen verziert darauf und zu den Seiten unsere Päckchen. Und unser „Wenig, aber von Herzen" hat ihr große Freude bereitet. Wir selbst sind so froh und glücklich darüber, ist es doch so schön, wenn man in der Ferne weilt, anderen Freude zu machen und sich mitzufreuen. Die liebe Schwester hatte in ihrem Cabinenkoffer einen Geburtstagsbrief von ihrer Schwester, und den öffnete sie heute erst. Und heute abend soll's recht schön werden, Herr Capitän und Herr Doktor sind unsere Mitverbündeten. Heute abend giebt's zum Nachtisch Sandtorte mit einer Überschrift darauf an Schwester Lottchens Platz. Denkt nur, seit etwa 5-6 Tagen speisen wir abends oben auf Deck. Das war beim erstenmal ein Fest. Nach dem Essen trennte man sich nicht wie sonst, nein, es wurden Lieder angestimmt, Lieder der verschiedensten Art, und über die Wellen hin ertönten frohe Stimmen.

Bei allem, was gethan wird, was ich selbst thue, muß ich unwillkürlich an daheim denken. Ich mache meine Vergleichungen und besinne mich, was Ihr zu dem oder jenem

sagen würdet. Kein Wunder, wenn ich allemal geistes-
abwesend bin und durch den oder jenen aus den süßesten
Gedanken aufgeschreckt werde. Selbst die frohesten Stunden
hier können die Gedanken an die Heimat, die Sehnsucht nach
derselben nicht verdrängen. Wie freue ich mich, wenn ich
einmal wieder eine bestimmte Thätigkeit habe, die alle meine
Zeit und Kraft in Anspruch nimmt. Ein solch thatenloses
Leben wie hier auf dem Schiff möchte ich für die Länge nicht
führen. Und gestärkt komme ich nach Afrika. Herr Doktor
sagt, ich sähe nicht mehr so angegriffen aus wie damals, als
ich an Bord gekommen sei.

Mit jenem Abend zum erstenmal so vergnügt auf Deck bin
ich aber noch nicht ganz zu Ende. Unser Herr Capitän bewies
sich wiederum sehr fein; er reichte Champagner, es wurde
auf das Wohl der „Damen" in Afrika, dann auf das der
Lieben in der Heimat getrunken. Später als je einmal trennte
man sich, um seine Cabine aufzusuchen. Seitdem wir abends
auf Deck speisen, ist noch manches ähnliche gefolgt. Unser 3,
Steward, Heinrich, spielt manchmal etwas auf seiner Hand-
harmonika vor. Herr Liesberg, unser 1. Maschinist, spielt
Zither; er ist überhaupt ein solch gelungener Mann, der uns
vielen Spaß macht. Überhaupt ist unsere Reisegesellschaft
eine wirklich nett übereinstimmende, obwohl sie aus aller
Herren Länder zusammengewürfelt ist.

Morgen verläßt uns unser Herr von Bötlicher mit seinem
„Hektor, mein schöner, lieber Hund". Er ist der Erste, welcher abgesetzt wird. Herr von Bötlicher ist Kaufmann und
geht als solcher im Auftrag von Woermann nach Monrovia.
Die übrigen 3 Herren sind auch Kaufleute, welche ihr Glück
im fernen Afrika versuchen wollen.

Solange es noch kühl war, haben wir gemeinsam das Ringspiel gemacht, d. h. mit Ringen nach vorgezeichneten Zahlen geworfen, wer zuerst 10 hatte, war Sieger. Ähnlich wurde es mit dem Taubenfliegen gehalten. In kurzer Zeit jedoch ermüdet alles und besonders jetzt. Mit Vorliebe spielen die Herren Skat, wir Damen Domino, Mühle, Dame, Rennspiel und dergl. So seht Ihr, wie wir uns die Zeit hier vertreiben. Vielleicht erinnert Ihr Euch bei meinen Worten an die Zeit zurück, da Ihr's auch so triebet. Ein Weilchen ist alles schön, nur nicht ewig lang. Will sehen, wenn's endlich wahr wird mit Accra! Zuerst hieß es nämlich, wir kommen Dienstag früh nach Monrovia, dann Dienstag abend, nun heißt's Mittwoch Mittag, was wohl alles noch daraus wird! Am 1. Mai sollen wir in Accra landen, wenn's nicht erst am 2. oder 3. geschieht. Ich hätte nicht gedacht, daß es so lange währt. Ihr sagtet von höchstens 20 Tagen, nächsten Donnerstag schwimmen wir schon 3 Wochen. Und dazu haben wir die prächtigste See. Neben Dampf fahren wir auch je und je mit Segel, so oft der Wind günstig ist. Im ganzen ist's mir einerlei, wie lange die Fahrt noch währt, bin ich ja nicht seekrank, nur sehne ich mich so sehr nach Land und einer bestimmten Arbeit. Wenn der liebe Gott seinen Segen giebt und mir Gesundheit und Mut schenkt, dann möchte ich so gerne mit den Schwarzen, den Kindern Afrikas, arbeiten und lernen wie daheim. Wie oft und viel führt mich der Traum in die Schule, doch noch niemals in eine afrikanische, sondern stets in die liebe Heimat zurück. Es wird wunderlich zugehen, bis alles gewährt ist.

In Las Palmas haben wir mit Europa abgeschlossen, Monrovia bringt uns das wirkliche Afrika. In Las Palmas sind wir zum letzten Mal Eisenbahn gefahren, in kurzer Zeit werden wir per Hängematte reisen. Morgen nimmt Herr Capitän 32 Neger an Bord. Von nun an werden Schwarze unsere Sachen besorgen. Fremdartig wird's zuerst sein, doch ich denke, man gewöhnt sich in kurzer Zeit an den Anblick. Und noch mehr, ich soll diese Menschen lieben lernen.

Nun habe ich aber lange mit Euch geplaudert und Euch erzählt, und ich wünsche, einen ebenso langen Brief von Euch in Händen zu haben, ich muß aber noch lange warten. Ich hätte so vieles zu fragen, doch ich denke, meine Fragen werden von selbst von Euch beantwortet.

An alle viele herzliche Grüße.

In dankbarer Liebe grüße und küsse ich Euch und verbleibe

Eure Luise

An Bord der „Getrud Woermann", den 26. April 1893

Meine lieben Eltern und Geschwister!

In der Frühe dieses Morgens mache ich mich nochmals mit großer Lust und Freude daran, Euch Lieben zu schreiben. Diesmal wird's aber gewiss der letzte Gruß vom Meer sein.

(Es folgt erneut ein Bericht von Schwester Lottchens Geburttag.)

Den 27. April

Schnell muß ich fortfahren und Schluss machen. Gestern früh wurden wir sehr früh durch das Tuden geweckt. Mein erster Gedanke war, vielleicht Nebel. Im nächsten Augenblick erschien Herr Irsenhans und rief: „Fräuleins, Eure Briefe!" Wie der Wind ging's heraus. Zum Glück hatte ich Euren Brief den Abend vorher geschlossen. „Ella Woermann" lag eine kurze Strecke von uns entfernt, uns hatte das Tuden gegolten. In wenigen Minuten aber waren wir auf Deck. Auf der „Ella" waren Herr Seegers mit 2 Kindern. Sprechen konnten wir nicht miteinander, nur uns zuwinken. Ob Herr Seegers mich erkannt hat, weiß ich nicht. Ich denke, Herr Seegers besucht Euch, vor etwa 4 der 5 Jahren war er bei uns in Kusterdingen. Grüße habe ich in Gedanken an Euch aufgegeben. (...) Gestern mittag vier Uhr kamen wir nach Monrovia. Nach acht Tagen wieder Land zu sehen, war eine Freude. Afrikas Boden haben wir nun in der That begrüßt und betreten. In einem Boot gingen wir an Land, die Brandung war nicht übel, doch wurden wir vom Regen überrascht. In „Woermanns" Haus warteten wir bis der Regen aufhörte, und bei Mondschein begaben wir uns wieder an Bord. Zum ersten Mal kamen wir mit den schwarzen Söhnen und Töchtern Afrikas in Berührung. Es waren Gefühle mancherlei Art und Weise, welche mein Innerstes durchwogten, Gefühle, welche sich nicht beschreiben lassen. Ich war wirklich sehr froh, als wir wieder an Bord waren, das Schiffsleben ist man jetzt gewöhnt. Aber dieser Spektakel, den die Schwarzen machen, das ist zu arg, Hören und Sehen vergeht einem. Nachts zehn Uhr gingen wir weiter. Wir waren auf der Kommandobrücke und sahen dem Leben und Treiben zu. Das ist doch eine große Verantwortung. Und heute morgen ging das Spektakel mit Tagesanbruch von Neuem los. Über unseren Köpfen wurde gefegt und gescheuert, an Schlaf war nicht mehr zu denken. Um sechs Uhr waren wir wieder auf der Kommandobrücke, das Deck war noch in einem Zustand, der über alle Maßen ging. 6 ½ Uhr ankerten wir vor *Grand Bassa*. Es ist ein lieblicher Anblick, die Küste ist da bis zum Strand bewaldet. Herr von Böttichen mit seinem „Hektor, mein schönes Tier" hat uns gestern abend verlassen. Ich glaube, wäre er ein Mädchen wie ich, er hätte sich der Thränen nicht geschämt. Statt Herrn von Böttichen hatten wir über Nacht zwei steife, lange, hagere Engländer an Bord, sie bleiben hier in *Grand Basra*.

Wir haben nun so vieles Schöne und Großartige gesehen, daß man gar nicht alles aufnehmen konnte. Ich glaube, erst nach und nach werden wieder einzelne Züge kommen, welche vielleicht eine freundliche Erinnerung sind. Jetzt liegt die See so schön vor uns mit dem wundervollen Landstreifen umrändert. *Accra* ist wohl nicht so schön, verschiedene Andeutungen lassen darauf schließen.

Doch ich will mutig und getrost dem Lande entgegengehen, welches mir Arbeit, Freunde, Befriedigung, ja sogar Heimat bringen und werden soll.

Grüßet alle, welche nach mir fragen, recht herzlich. Ich muß schließen. Den letzten herzlichen Gruß und Kuß vom weiten Meer sendet Euch, liebe Eltern, Tante und Geschwister, in treuer Liebe

Eure dankbare Luise.

Meine lieben Eltern und Geschwister!

„Lobe den Herrn, meine Seele!" Das ist der Grundton meines innersten Herzens am heutigen Tage. Meines innersten, tiefsten Herzens sage ich, und das wohl mit Recht. Denn äußerlich angesehen bin ich wohl nichts weniger als freudig gestimmt, und dennoch muß ich so scheinen, wenn es gleich mir anders zu Mute ist.

Nach Afrikazeit ist's jetzt hier 12 ½ Uhr. Nachdem wir mit manchen Unterbrechungen noch einige Tage geschwommen sind, kündigte gestern nachts 11 ½ Uhr der Kanonenschuß unsere Ankunft in *Accra* an. Wir alle waren auf der Kommandobrücke und sahen den Leuchtturm und einige andere Lichter Accras, allein auf der Missionsstation regte sich nichts, alles blieb ruhig und still, als ob alles schliefe oder tot wäre. Der nächtliche Anblick *Accras* war ein schöner, günstiger. Im herrlichen Schein des Vollmondes lag alles so friedlich da, was einen wohltuenden Eindruck auf uns machte, namentlich auf die, welche zum erstenmal diesem Ort gegenüber waren. Dort in der Ecke stand eine Gestalt, ernst, träumend, mit feuchten Augen und geröteten Wangen über die weite See blickend, als wollte sie sagen, ist das deine zukünftige Heimat? Eine friedliche Stille herrschte ringsum, selbst die schwarzen Gestalten lagen still unten im Mondlicht. Auf jene Person übte wohl auch die wohlthätige Stille, der wunderbar schöne Himmel mit seinem prächtigen Sternenheer und lieblichem Mondschein einen guten, tröstlichen Einfluß aus. Anscheinend ruhig ging sie mit den übrigen Reisegefährten zur Mitternachtszeit hinunter, um zum letzten Mal Ruhe und Schlaf in der heißen, dumpfen Cabine zu suchen. Doch es konnte noch nicht Ruhe einkehren, sah es doch in unserer Cabine noch gar nicht geordnet aus. Da und dort, auf Sopha und Bett lagen noch viele Sachen, welche harrten, in Koffer und Kisten gestopft zu werden. Du, liebe Mama, hättest hier sein sollen, dann wäre wohl alles schneller gegangen. Doch wurde Deine große, ungeschickte Tochter auch selbst fertig und war recht herzlich froh, als alles schön geordnet war. Du hättest hereinschauen dürfen, ich hoffe, Du hättest, wenn nicht ganz zufrieden, so doch etwas befriedigt darüber gelächelt. Man lernt doch täglich etwas, wenn man so alleine ist und auf sich selbst angewiesen. Ich muß dran glauben lernen, daß es wirklich wahr ist, daß ich allein selbständig handeln muß, ohne Dich oder Marie zur Hilfe anzurufen. Bis jetzt ging's noch an. Frl. Beckenbach hat stets mit helfender Hand zugegriffen, wir haben einander recht lieb gewonnen, und jetzt muß geschieden sein.

Endlich heute früh halb 2 Uhr legten wir uns schlafen, doch ich habe nur geruht, nicht eine Minute habe ich geschlafen. Ich war wohl zu aufgeregt, und die Gedanken waren mannigfach. Um 5 Uhr erhoben wir uns, richteten uns selbst und das übrige vollends, eilten an Deck, und vor unseren Blicken lag *Accra*. Ich möchte nicht sagen, der nächtliche Eindruck war lieblicher als derjenige des Morgens. Jetzt war die deutsche Flagge auf der Faktorei oben, und lustig flatterte sie im Winde. Nach 6 Uhr kam das Missionsboot und darin Herr Binnhammer, um uns an Bord der „Gertrud" zu begrüßen. Rasch wurden unsere Sachen zusammengetragen, wir hatten eine große Anzahl Koffer und Kisten. Es wurde noch Caffee an Bord getrunken zum letzten

Mal. Zum letztenmal noch auf Deck und in der Cabine Umschau gehalten, Abschied genommen. Ein Teil am Schiff wurde geöffnet, und mit einem Sprung, von oben und unten gehalten, befand man sich im Boot. Nein, wie das aber schaukelte! Zuerst vom Schiff aus, später vom Strand aus, wurden Hüte und Tücher geschwenkt, zum Abschieds- und Willkommensgruß. Die Bootsfahrt ging gut bis ein Stückchen vor dem Strand. Die Brandung war ziemlich stark; die Ruderer hielten an, um einen günstigen Moment abzuwarten, um aufs neue mit vereinten Kräften weiterzufahren. Es spritzte gewaltig, und jetzt war der richtige Augenblick gekommen. Es wurde gerudert, und in wenig Augenblicken ging's mächtig hinauf und um so tiefer hinab. Die Ruderer warfen ihre Ruder weg, einheftiger Ruck und Stoß, und im gleichen Augenblick sahen wir uns umringt von vielen schwarzen Gestalten, die wie Fangarme ihre Arme nach uns ausstreckten. Es galt kein Besinnen. Im nächsten Augenblick befand ich mich umschlungen von 2 starken Armen, und ohne zu wissen, wie mir geschah, stand ich schon auf dem Strand im tiefen Sand. Zuerst sahen wir uns stumm an, dann unsere Umgebung. Und dort war schon eine Anzahl Weißer, welche uns bewillkommten. Es waren lauter Herren, etwa 10 an der Zahl. Das Vorstellen und Begrüßen ging sehr schnell, ich konnte die Namen nicht recht verstehen, weiß auch jetzt noch nicht alle. Nachdem wir ein Weilchen gestanden, gegrüßt, geguckt und was dergleichen Tugenden alle sind, machte einer den Vorschlag, weiter- zugehen. Und es war wohl auch an der Zeit. Einige Namen der anwesenden Personen lauten: *Rottmann* und zwar Vater mit 2 Söhnen, Thal, Götz, Dietrich, Jäger, Gürcher und andere mehr. Der alte Herr *Rottmann* nahm sich sofort meiner an. Ich mußte ihn am Arm führen, deutsch gesagt ihn einhängen, und so wanderten wir zusammen zur Mission, stets den anderen voran. In liebenswürdigster Weise unterhielt er sich mit mir, erkundigte sich nach Euch, liebe Eltern, auch Nathanael, erzählte mir, wie er vor 20 Jahren mich als kleines Kind auf der Heimreise auf den Knien geschaukelt und anderes mehr. Mittlerweile kamen wir in der Mission an, wo ein neues Begrüßen anging. Ich wunderte mich sehr, so viele Leute hier anzutreffen, ich hatte nur auf wenige gerechnet. Wer laufen konnte, ist scheint's nach Accra geströmt, uns zu begrüßen. Ich wunderte mich sehr, nur Herren und keine einzige Frau zu sehen. Derzeit ist Frau Thal die einzige Missionarsfrau hier. Diese konnte nicht kommen, wir besuchten sie nachher in ihrem Hause. Frau Thal erwartet ein Kleines. Ein höchst merkwürdiger Anblick: weißer Mann, schwarze Frau. Frau Thal sagte, sie könne sich Eurer noch ganz gut erinnern. Trotz des Unterschiedes wurde eine lebhafte Unterhaltung geführt. Frau Thal war äußerst freundlich. Wir hätten wohl hungrig sein können nach den mancherlei Anstrengungen. In der Mission bewirteten sie uns mit Schinken, Brot und Caffee, alles war gut, doch schmeckte es mir nicht. Während wir uns etwas umsahen, ging Herr Schneider seine liebe Braut zu begrüßen, und bald nachher erschienen sie als glückliches Brautpaar in unserer Mitte. Ich konnte mich über das Glück von Frl. Beckenbach recht von Herzen freuen, sind nun doch ihre Wünsche erfüllt. Ich war in gewisser Beziehung auch glücklich, nämlich in Gedanken daran, bald eine bestimmte Thätigkeit zu haben, wenn ich für den Anfang auch nicht viel thun kann, so doch etwas.

Gleich auf dem Schiff wurden wir durch eine Nachricht bis ins innerste Herz hinein tief erschüttert, deren Eindruck uns wohl noch lange nachgeht. Die erste Kunde, die uns Herr

Binnhammer auf die Frage von Herrn und Frau Irsenhans sagte, lautete: Herr Doktor Eckhardt ist seit acht Tagen tot. Aber das war ein Schlag für uns alle. Betroffen und völlig stumm, nicht fähig ein Wort zu sprechen, sahen wir uns eine geraume Zeit sinnend an. Also schon auf dem Dampfer eine Trauerbotschaft, das war zu viel und zu schwer sowohl für die nach Afrika Zurückfahrenden, als auch für die, welche zum erstenmal nach Afrika gehen. Herr Doktor Eckhardt tot! Ja, es war kein Zweifel mehr, an Land wurde es uns mit trauriger Miene bestätigt. Und dennoch, trotz des Schweren wollen wir, und auch ich will mutig und getrost der Zukunft entgegensehen; der Gott und Heiland, der uns sicher und glücklich übers weite Weltmeer gebracht hat, wird uns auch in Afrika nicht verlassen. Ihm wollen wir uns täglich anempfehlen, Ihn um Kraft bitten, daß er uns beschützt und uns, wenn es Sein heiliger Wille ist, einmal wieder glücklich zusammenbringt. Und wir dürfen hier füreinander und miteinander einstehen. Ich weiß es gewiß und fühle es, Ihr betet für mich und gedenket meiner, und ich thue es hier in Afrika für Euch. Nichtwahr? Dieser Gedanke ist erfreulich und tröstlich, trotz des Geschiedenseins finden wir uns doch täglich im Geist an einem Ort ein, wohin wir mit allen unseren Sorgen und Anliegen kommen können.

Doch nun weiter. Herr Capitän und Herr Doktor kamen später in die Mission, um sich noch von uns zu verabschieden. Wir sind unserem Capitän Jensen zu großem Dank verpflichtet, er hat uns mehr gethan und erwiesen als seine Pflicht gewesen wäre.

Etwa ¼ nach 10 Uhr sagte der junge *Herr Rottmann*, ich möchte mich bereit machen, mit ihm zu kommen, da ich für die nächsten Tage ihr Gast sein werde. Wohl oder übel mußte ich folgen, lieber wäre ich mit Herrn und Frau Irsenhans gegangen. Ich mußte in ein Wägelchen einsteigen, die beiden Brüder Rottmann gesellten sich dazu, und vorwärts ging's nach Christiansborg. Zwei Schwarze zogen voran, zwei schoben hinten. Die armen Menschen! Sie müssen in der Hitze Arbeit von Tieren versehen. Kurz vor Tisch kamen wir an. Von Frau Rottmann, der weißen und der braunen, wurde ich sehr freundlich empfangen. Unsere Tischgesellschaft war eine gemischte, Weiße und schwarze, vielmehr braune Mulatten saßen beieinander. Es war das erstemal, daß ich mit anders Farbigen gemeinsam gespeist habe. Der erste Tag in Afrika gehr zu Ende, morgen hoffe ich, weiterzuschreiben.

Den 3. Mai.

Das ist Afrika, dachte ich diese Nacht und heute früh! Afrikanische Hitze und afrikanischen Schweiß habe ich schon erfahren. Es soll Regenzeit sein, und doch ruhen die sengenden Sonnenstrahlen auf der Erde. Herr Rottmann sagte, es wären gegenwärtig ausnahmsweise heiße Tage, was mich sehr wunderte, nach den vielen Aussagen, die ich schon hörte, hatte ich's mir eigentlich schlimmer vorgestellt. Kaum beginne ich zu schreiben, da erscheint Herr Irsenhans, mich nach Accra mitzunehmen. --- Erst nach 11 Uhr bin ich zurückgekehrt, und jetzt nach Tisch will ich wieder weitermachen. In Accra wurden unsere Kisten in der Factory verzollt, da sollte ich dabei sein. Die kleinere Kiste von den beiden wurde aufgeschraubt und aufgelöet. Backwerk, Chocolade, Häkelgarn wurden verzollt. Der englische Zollbeamte nahm's ziemlich genau. Gestern kamen wir gut durch. Cabinen- und Handkoffer kamen gleich mit uns, ich mußte nicht öffnen. Im Cabinenkoffer hatte ich 1 Pfd. Thee, von Frau Irsenhans in Hamburg für mich besorgt. Ebenso kaufte sie in Madeira einen hübschen, viereckigen Korb für mich für die schwarze Wäsche. Von diesen Sachen habe ich noch nichts bezahlt aus dem einfachen Grund, weil ich kein Geld habe. Nichtwahr? Das ist doch schön und angenehm, wenn man gleich mit Schulden einen neuen Lebensabschnitt beginnt. Nur, ich kann nicht helfen, kommt Zeit, kommt Rat. Wenn ich die notwendigen Sachen für meinen künftigen Unterhalt besitze, dann will ich sparen, wie es nur sein kann. Man kann sich hier mit wenigem begnügen und zufrieden geben. Hauptsache ist und bleibt, fleißig und treu zu arbeiten an dem Werk des Herrn. Und dazu möge der Herr Jesus mich selbst ausrüsten mit Kraft und Weisheit, daß ich auch für Ihn und Sein Reich etwas wirken kann und darf. Es heimelt mich noch nicht hier an. Ich kann nur mit den Weißen sprechen, mit den Schwarzen nicht, das ist schade. Nach Tisch brachte mir ein schwarzes Mädchen auf einem Teller zwei Orangen auf mein Zimmer. Ich konnte nur mit dem Kopf nicken, ob sie dieses Zeichen meines Dankes verstanden hat? So bald als möglich, will ich fleißig „GA" lernen, ich freue mich so sehr, einmal wieder in eine Schule zu kommen. Frl. Wachter ist in *Abokobi* bis ich komme. Wie lange ich noch hier sein werde, weiß ich nicht; wenn die Lasten gepackt sind, möchte ich so bald als nur möglich auch weiter. Ich kann mich hier nicht daheim fühlen so ohne alle Beschäftigung, bin mir ganz selbst überlassen. Die Leute hier sind alle freundlich. Du, lieber Papa, bist hier noch in gutem Andenken. Herr Binnhammer sagte mir heute erst und gestern schon andere, die Leute sprechen noch viel vom Mr. Zerweck, jetzt merke man noch, wie Du im Segen gewirkt hast. Dies ist ein schönes Zeichen davon, daß auch die Schwarzen Afrikas ein klein wenig Liebe und Dankbarkeit zeigen.

Gestern abend waren wir noch bei Herrn Bächtles, da habe ich wohl alle Missionare und Missionsfrauen von Accra und Christiansborg von Angesicht zu Angesicht gesehen. Ihre Anzahl ist größer als ich dachte. Über sonstige Verhältnisse kann ich nichts schreiben, ich muß erst sehen und erfahren. Der Brief ist wieder groß geworden gegen meinen Willen, langweilt Euch nur nicht! Rottmanns und Irsenhans' lassen Euch herzlich grüßen.

Zum erstenmal von Afrikas Boden seid herzlich gegrüßt und geküsst von

Eurer auch stets in Afrika Euch dankbar liebenden Luise.

Meine liebe, beste Mama!

Du sollst diesmal ein extra Brieflein haben. Bis dieser Brief in Deine Hände kommt, feierst Du oder hast Du schon Deinen Geburtstag gefeiert. Darum möchte ich Dir heute schon meine herzlichsten und innigsten Glück- und Segenswünsche zu diesem frohen, schönen Feste senden. Der liebe Gott schenke Dir Kraft und Gesundheit, damit ich und die lieben Geschwister noch viele, viele Jahre das große, ja größte Glück genießen dürfen, die liebe, treue, sorgende Mutter zu besitzen. Dieses ist schöner und herrlicher als alles andere, man fühlt sich nur im Gedanken daran so glücklich, so geborgen. Habe auch vielen Dank für Deine große Liebe und Sorgfalt, welche Du auf uns alle verwendest. Der liebe Gott segne Dich dafür reichlich, wir können's Dir ja nicht vergelten, nur erfreuen können wir Dich, wenn wir nach Deinem und des lieben Papas Vorbild in Euren Fußstapfen wandeln. Der liebe Gott schenke uns recht gehorsame und dankbare Herzen und lasse Euch viele Freude an uns erleben.

Gerne hätte ich Dich mit einer kleinen Gabe erfreut, diesmal ist's mir unmöglich. Noch so unerfahren in Afrika, kann ich mir nichts vornehmen. Ich bitte Dich daher, für diesesmal, mit meinem guten Willen vorlieb zu nehmen. Euch allen wünsche ich von ganzem Herzen einen herrlichen Festtag. Zum erstenmal weile ich an diesem Tage in solch weiter Ferne, sonst war ein Zusammenkommen möglich.

Dich und den lieben Papa herzlich umarmend und küssend verbleibe ich in treuer Liebe

Eure dankbare Tochter Luise.

Liebe Eltern und Geschwister!

Zuerst vielen, vielen Dank für Eure Briefe. Wie habe ich mich gefreut, als ich hier einen Brief aus der lieben Heimat antraf. Derselbe kam schon einige Tage früher als ich hierher, wie lange und mit welcher Sehnsucht habe ich darauf gewartet. Nochmals vielen Dank für die Nachrichten und besonders für Eure Liebe, welche ich daraus fühlen durfte. Auch Eure liebreichen Ermahnungen haben mich sehr gefreut, ich werde dieselben befolgen und bitte Euch recht herzlich, mir alles zu schreiben, was für mich gut ist. Ihr seid je alte Afrikaner, liebe Eltern .Auch Euch, liebe Maria und Immanuel, danke ich herzlich, doch muß ich Euch bitten, mit dem Brief an alle insgesamt Euch zu begnügen

Von Afrika ging schon ein Brief von mir an Euch ab, meine Lieben. Damals war ich noch in Christiansborg bei Geschwister Rottmanns. Von dort giebt's nicht mehr viel zu berichten. Mittwoch Abend war Begrüßung bei Geschwister Schopf und zugleich Verabschiedung der alten Geschwister *Rottmann*. Eine Trauerbotschaft mußten wir auch noch vernehmen. Unser Mitreisender, Passagier der 2. Kajüte, Herr Wüstenei, landete mit uns am 2. Mai in Accra. Am Morgen des 4. Mai wurde er von Fieber befallen, und am Abend desselben Tages war er eine Leiche. Wie tief erschütternd war diese Nachricht! Dieser Mann war Gatte und Vater von 6 Kindern. Wie schrecklich, wenn die Todesnachricht die arme Frau und die Waisen erreicht! Das ist Afrika! Als ich diese Nachricht hörte, mußte ich denken, wie wäre es mir ergangen, wenn ich so plötzlich aus dieser Welt abgerufen worden wäre. Es gilt, sich stets bereit zu machen.

Donnerstag war ich den ganzen Tag bei Geschwister Thal, um beim Aus- und Verpacken meiner Kisten zu sein. Bruder Thal sagte, es würde zu teuer sein, meine Kisten hierher zu führen. Es ist alles so schön aus den Kisten herausgekommen, Du, liebe Mama, hast ein wahres Meisterwerk des Packens geliefert. Alle Bilder und Glassachen kamen gut heraus, nur eins von den beiden Rähmchen, Visitform, war gebogen und das Glas zersprungen; dies kam scheint's auf etwas Hartes zu liegen. Ich habe mich so sehr gefreut, als alles in so gutem Zustand herauskam. Die Tage vergingen vollends schnell in Christiansborg. Samstagabend war ich zum erstenmal in der Kirche. Pfarrer Engmann predigte in einer mir unverständlichen Sprache, nur wenige Wörter konnte ich verstehen, beinahe wurde mir's ganz wehmütig ums Herz. Sonntags war ich mit den Geschwistern der Station zum erstenmal beim heiligen Abendmahl. Es ist alles so neu und fremd, anders als zu Hause, vieles ist mir recht wunderlich. In der Kirche waren Frauen in Seide,- Atlas- und Samtkleidern mit den feinsten Handschuhen und dazwischen solche nur mit Tüchern bekleidet. Es war ein gewaltiger Unterschied. Wir Missionsfrauen bildeten die goldene Mitte.

Dieser Sonntag war der letzte in Christiansborg. Ich war noch am Strande und habe mir zum Andenken einige Muscheln mitgenoemmen. Bruder Kölle von hier kam Freitagabend nach Chr. und wartete bis Montag früh und nahm mich mit. Montag in aller Frühe schlug die Stunde zum Aufbruch. ¾ 3 Uhr stand ich auf, um ½ 4 Uhr ging's in der Hängematte fort. Eine höchst sonderbare Reiseart, man muß sich erst daran gewöhnen. Im ganzen ging's gut. 2 mal stieg ich aus, um ein wenig die steifen Glieder zu bewegen. Vor 8 Uhr zogen wir hier ein, und will's Gott, so werde ich hoffentlich für längere Zeit hier sein. Es war mir ein wonniges Gefühl zu wissen, jetzt an meinem Bestimmungsort angekommen zu sein, endlich das Reisen aufgeben zu dürfen. Frau Kölle und Frau Wachter hießen mich herzlich willkommen. Nachdem wir uns etwas ausgeruht und gestärkt hatten, gingen wir ins andere Haus hinüber. Mit Palmen war alles bekränzt, und unter Palmen wandelnd überschritten meine Füße die Schwelle meines Zimmers. Es ist klein, aber nett. Auf 2 Seiten ist je 1 Fenster und auf der 3. Seite die Verandathür, eine 4. Seite trennt 2 Zimmer. Ich wohne im oberen Stock, unten sind Anstaltsräume.

Die Anstaltskinder versammelten sich und sangen mir zum Gruß 3 GA–Lieder mit deutschen Melodien. Schließlich gab mir jedes die Hand. Nachmittags habe ich ein wenig aus- und eingeräumt, die Anstalt eingesehen, am anderen Tag auch Handarbeitsunterricht erteilt. Ich habe gar keinen schlimmen Eindruck bekommen, wenn ich nur mit den Leuten sprechen könnte! Aber daß die schwarzen Lehrerinnen beim Unterricht sitzen, das hat mein Wohlgefallen nicht erregt. Mr. Fleischer, eigentlich Papa Fleischer, hat sich nach Euch erkundigt. Jemand fragte nach meinem Bruder Nathanael, ob der nicht auch komme. Offenbar haben sie eine Freude, daß ich gekommen bin. Und es ist notwendig, daß hier eine europäische Lehrerin thätig ist, Arbeit giebt's reichlich, mehr als genug.

Frl. Wachter ging Mittwoch früh nach Chr. an ihre Schule. Dienstag Vormittag kamen Geschw. Irsenhans und bleiben bis morgen früh, dann gehen sie nach Aburi weiter.

Ich schreibe dieses auf meinem Zimmer Es ist jetzt noch dürftig eingerichtet, ich habe noch nicht alles. Ich freue mich recht, wenn endlich alles vollends geordnet ist, damit es auch gemütlich sein kann.

Darf ich auch schon mit Bitten zu Euch kommen? Die erste Bitte wäre, Ihr möchtet auf Eure Briefe keinen Weg mehr bezeichnen, weder via Hamburg noch sonst etwas, sondern es einfach der Post überlassen, welchen Weg sie wählt, mit dem Porto kommt's ja aufs gleiche heraus. Und warum möchte ich das? Nämlich von Liverpool geht jeden Samstag ein Dampfer nach Westafrika, während es von Hamburg ab länger anstehen wird, und ich möchte Eure lieben Briefe doch so schnell als möglich erhalten. Zwischenhinein gehen sogar noch englische Schnelldampfer ab, welche Post mitnehmen, und ich glaube, auf diesem Weg würde ein Brief nicht volle 4 Wochen oder mehr brauchen.

Die andere Bitte betrifft zunächst Immanuel. In unserer Handarbeit werden die verschiedensten Stoffstücke für die Neger zusammengenäht. Neulich bestellte man von Accra, und da hat einer der Brüder etwas geschickt. Wie so herzlich froh wären wir da an den Flecken von Immanuel. Das kleinste Dreieckchen wird hier verwendet. Wolltest Du, lieber Immanuel, so gut sein und uns ein Paket schicken, vielleicht 10 Pfund, daß es auch der Mühe wert ist und des Portos. Ihr fragt vielleicht, wer soll denn das Porto tragen. Da habe ich mich schon besonnen, .wie wir's machen können. Wenn ich meine Gedanken offen schreiben darf, so wäre es dieses. Meines Wissens steht in Eurem schönen Zimmer ein „Negerbüblein", bittend um Gaben. Nun nehmet dies, macht an die Wohnzimmertür oder sonst wo ein Brettchen, stellt das Büblein darauf, und ich denke, Leute vom Dorf oder andere werden gerne eine Gabe hineinthun. Und dann werdet Ihr leicht so viel zusammenbekommen, um das Porto und anderes zu bestreiten. Bloßes Geld dürft Ihr uns ja nicht senden, aber dasselbe für uns verwenden. Und solltet Ihr einmal größeren Geldvorrat haben, so wüßte ich schon manches, namentlich vor Weihnachten.

Für jetzt will ich Euch recht dankbar sein, wenn Ihr mir für meine Kinder, so darf ich ja wohl sagen, denn ich soll ihnen ja eine Mutter werden, Stoffflecken zuschickt. Ich bin so froh an den wenigen, welche Du mir, liebe Mama, beigegeben hast. Nehmt mir, liebe Eltern und Geschwister, diese meine Bitte nicht übel, vielleicht bin ich zu unbescheiden, aber ich thue es nur aus Liebe zu dem Werk und für die Sache, daran ich jetzt arbeiten soll und darf. Hätte ich alles schon früher gewußt, ich hätte manches noch gethan. Vielleicht ist Anna Schlenker so freundlich und macht ihre Schulkinder darauf aufmerksam, manche würden gewiß fürs Negerbüblein was bringen. Grüßet auch Anna Schlenker recht herzlich von mir.

Wie geht es Euch, meine Lieben? Hoffentlich seid Ihr gesund. Mir geht es gut, von Fieber habe ich noch nichts gespürt, während Frl. Wachter schon recht darunter zu leiden hatte. Nur die Hitze ist gegenwärtig groß.

An alle, die nach mir fragen, viele Grüße. Dies ist das erste Himmelfahrtsfest für mich auf afrikanischem Boden. Heute hat Frl. Beckenbach Hochzeit in Ada. Von uns konnte niemand hinkommen.

Nun lebet wohl! In herzlicher Liebe grüße und küsse ich Euch und verbleibe

Eure dankbare Luise

Das Missionshaus in Abokobi,
Luises Zimmer im Obergeschoss

(Quelle: Archiv von mission21, unbekannter Autor: The station in Abokobi, Gold Coast / D-30.05.010)

Meine lieben Eltern und Geschwister!

Das erste Pfingstfest habe ich nun hier feiern dürfen. Wir, d.h. Geschwister Kölle, Zürcher und ich, waren in der Kirche und feierten mit der Gemeinde das Fest des hl. Geistes und empfingen das hl. Abendmahl. Neben manchem andern ist die Gottesdienstordnung eine andere als in Württemberg: der Pfarrer, jetzt Pfr. Saba, tritt zuerst an den Altar und erst nachher auf die Kanzel. Pfarrer Engmann wurde nach Christiansborg versetzt, und an seine Stelle ist Saba gekommen. Mr. Saba wird Dir, lieber Papa, noch in Erinnerung sein. Er erzählte mir, Du habest ihn das Harmoniumspiel gelehrt, aber auch von der Strenge, welche Du sie habest fühlen lassen. Doch gedenkt er mit manch anderen in Liebe und Dankbarkeit Deiner. Mr. Saba spricht englisch, leider verstehe ich nicht alles und kann selbst wenig sprechen. Er hat mich schon besucht, und seine größte Freude war unser Familienbild. Er kannte Dich sofort, auch Nathanaels konnte er sich erinnern, nur daß Maria auch hier geboren wurde und als ¼ Jahre altes Kind heim ging, das wissen wenige, sogar Bruder Rottmann wußte nichts von einem solch kleinen Kind, das damals mitgereist wäre. Unser Familienbild erregte ebenso das große Wohlgefallen meines *Teacher Bartheme*. Dieser teacher giebt mir täglich 1 Stunde GA und zwar von 4-5 Uhr. Dieser spricht auch englisch, doch kann ich so viel, daß der Unterricht nach unserem Büchlein fortgehen kann. GA sprechen kann ich natürlich nichts oder nur kurze Sätzchen, welche man mir gesagt hat oder die ich gelernt habe. Daher ist die Rede in der Schule eine gemischte: GA, Englisch und Deutsch geht's bunt durcheinander. Was will man auch machen, wenn man die Sprache noch nicht kann und doch mit den Kindern verkehren soll. Bis jetzt gebe ich nur Handarbeitsunterricht, täglich von 2-4 Uhr. Morgens gehe ich ein- bis zweimal in die Schulen, in den Schlafsaal und sehe, ob's überall gut geht und alles ordentlich ist. Ich freue mich bis ich einmal so weit bin, da und dort im Unterricht selbst einzugreifen und zu übernehmen. In der einen Hand das Buch, in der anderen den Stock, auf dem Lehrstuhl sitzend, treffe ich die Lehrerinnen an. Was hättest Du, lieber Papa, dazu gesagt, wenn's daheim auch so wäre. Hier bringt freilich vieles das Klima und die sonstigen Umstände mit, aber etwas besser könnte es da und dort sein.

Im übrigen habe ich vormittags genug an den Handarbeiten zu richten, damit nachmittags alles Arbeit hat und dann lerne ich GA. Ihr seht, daß meine Tageszeit reichlich ausgefüllt ist, von freier Zeit kann ich kaum reden. Ich habe schon gesehen, daß mir schließlich sehr wenig Zeit zum Briefeschreiben übrig bleibt, ich muß eben die Sonn- und Feiertage dazu benützen. Heute sind's 14 Tage, daß ich hier bin. Ich habe mich wohl etwas eingelebt, doch ist's immerhin noch wenig, denn es fehlt eben die Sprache. Ja, könnte man gleich von Anfang an sich mit den Leuten verständigen, wie viel leichter ginge alles und wie manche Mühe könnte man sich ersparen und manchen Verdruß. Es ist nur gut, daß ich an Geschw. Kölle einen Halt habe. Diese sind wirklich sehr lieb und freundlich gegen mich und helfen. wo sie können. Wie freue ich mich, daß es Frau Kölle wieder besser geht, doch sieht sie noch recht angegriffen aus und ist oft elend, aber immerhin sind sie glücklich, daß es nach all der schweren Zeit nun so ist. Auch Geschw. Zürcher, die am 13. Mai hierher gekommen sind, sind freundlich. Frau Zürcher ist mit den Verhältnissen bekannt und wird mich einführen und einleiten. Von morgen an werde ich zu ihnen an den Tisch kommen.

Und nun möchte ich Euch herzlich einladen, ein wenig mir, wenigstens mit Euren Gedanken, zu folgen und Euch in meiner Behausung, in meinem jetzigen Heim umzusehen.

Wir kommen die Treppe zur Veranda herauf, gehen der Veranda entlang bis zur kleinen Treppe, welche zu den Anstaltsräumen, zum Garten und zur Küche führt. Doch wollen wir nicht wieder hinabsteigen, sondern hier oben etwas verweilen. Der Ausblick auf die Berge, die sich in nächster Nähe befinden, fesselt den Blick, es sind heimatliche Erinnerungen, welche sich an den Anblick solcher Berge knüpfen. Linker Hand bemerken wir eine Thüre, wir öffnen sie und treten in das kleine, aber reine Zimmer der Anstaltsvorsteherin, jetzt Frl. oder Schwester Zerweck. Im Zimmer vor uns sehen sehen wir gleich in der linken Ecke auf einem Kistchen den Filter, in der Mitte der Wand einen Tisch, darauf Photographien und eine Lampe; oben in der linken Ecke steht eine Kommode, deren oberer Teil aufgeklappt werden und zum Schreiben verwendet werden kann. Der untere Teil der Kommode enthält 2 Schubladen. Die nächste Seite hat zuerst ein Fenster, unter demselben steht der Kasten, und jetzt kommt schon wieder eine Ecke, in der die Schulwandkarten ihren Platz haben. An der dritten Seite steht dann ein Waschtischchen, dann wieder ein Fenster, der Waschkorb und schließlich steht in der unteren Ecke das große, himmelhohe Bett, dessen jetziger Himmel recht wolkig und trüb darüber ist und nur wartet, bis sich jemand erbarmt und einen neuen macht. Neben dem Bett steht ein Nachttischchen aus einem alten Bücherbrett. Unter dem

Tisch gewahren wir den Cabinenkoffer, gefüllt mit wollenen Sachen, in einer Ecke neben dem Kasten befindet sich eine Holzkiste mit Büchern und sonstigem. Auf dem Kasten ist der Handkoffer und verschiedenes andere aufbewahrt. Außerdem befinden sich im Zimmer 3 Stühle und mein Schiffsstuhl, der einen müden Besucher zur Rast einlädt. Doch bitte ich Euch, Eure Augen auch ein wenig auf die eine Wand zu richten, welche undurchbrochen ist. Dort hängt über der Mitte des Tisches ein mir gar wohlbekanntes Bild: Eltern, Kinder und Tante sind's, ein liebliches, heimatliches Bild. Darüber, neben und darunter befinden sich meine übrigen Bilder. Es hat eine nette Bildergruppe gegeben, der schönste Ort meines Zimmers. Über meinem Haupt hängt ein „Befiehl dem Herrn Deine Wege", (das hing schon im Zimmer), und zur Seite ist eines der englischen Bilder von Jakobine angebracht, das vielleicht aus Versehen, aber mir zur Freude, eingepackt worden ist. Nahe der Thür ist das Staubkörbchen, über der Kommode der Wandkalender, zur Seite ein Zeitungshalter. Auf einem kleinen Eckbrettchen dazwischen stehen ein Kaiserbild und die Blumenväschen. Unser Familienbild hängt meinem Bett gegenüber. Wie schön! Abends beim Zubettgehen gilt Euch Lieben der letzte Gruß und morgens beim Erwachen winke ich Euch ein herzliches „Guten Morgen" zu. Es ist meine tägliche Bitte zum Herrn, daß er Euch Lieben gesund erhält. Habt Ihr nun im Geiste meine Behausung gesehen? „Klein, aber mein", so heißt's bei mir, nett und gemütlich soll's vollends nach und nach werden, wenn einmal Bett, Wasch- und Nachttisch weiße Vor- und Umhänge haben. Bestellt ist's vorderhand.

Auf der Veranda vor meinem Fenster stehen große Körbe, lauter Handarbeiten der Kinder enthaltend, teils Näh-,

Häkel- und Strickarbeiten. Ich muß mich so allmählich darin zurecht finden. Merkwürdig kommt's mir oft noch vor, beim Erwachen hierzusein, umgeben von lauter schwarzen Mädchen, die nachts oft so laut schnarchen, daß ich einmal morgens fragte, ob Tiere solche Töne von sich geben, allein man belehrte mich, daß das wohl von festschlafenden Anstaltsmädchen herrühre.

In der vorigen Nacht hatten wir ein sehr heftiges Gewitter mit starkem Regen, heute ist's sehr schwül. Pfingsten im wundervollen Monat Mai ist immer eine schöne Zeit daheim, wir sind allemal spazieren gegangen. Diesmal kam ich nur hinaus, um zur Kirche zu gehen, und das war nicht einmal von großem Genuß, hörte ich doch für mich, den Neuling, unverständliche Worte.

Mir geht's gut, und ich hoffe von Euch daßelbe. Viele Grüße der lieben Tante und gute Besserung. Für heute „Behüte Euch Gott". Mit herzlichem Gruß und Kuß

Eure Luise.

Meine lieben Eltern, Tante und Geschwister!

Am Abend des heutigen Tages beginne ich, noch ein wenig an Euch zu schreiben. Es war heute Dein Geburtstag, liebe Mama. So oft und viel ich neben meiner anderen Arbeit konnte, waren meine Gedanken bei Euch und suchten Euch im Geist auf, und ich sah auch den fein zubereiteten Geburtstagstisch. Es war allemal so schön an Deinem Geburtstag daheim, wir machten einen Festtag daraus. Seid Ihr heute auch spazieren gegangen wie sonst? Haben die lieben Geschwister Dir gesungen? Nehmt meine Fragen nicht übel, aber seht, ich möchte so viel als möglich von Euch wissen, damit ich im Geiste manchmal bei Euch sein kann und lugen (*zusehen, Hrsg.*) kann, was Ihr treibet.

Gestern früh wurde ich sehr erfreut. Unser Postmann brachte mir Briefe von daheim, welche ihr am 2. Mai geschrieben habt. Habt vielen herzlichen Dank für alle Nachrichten, für alle Eure Liebe. (...) Wohin geht's dieses Jahr? Nach Ingstfeld oder Hall oder am Ende in den Schwarzwald? Gute Erholung! Für mich hat so etwas derartiges für eine geraume Zeit aufgehört, anstatt Luftmacht man hier Schwitzkuren, doch ist's annehmbar.

Lydia schweigt. Theophil und Immanuel befinden sich scheint's wohl, bin begierig, was aus dem ersteren wird. Mit Nathanael ist's sehr bedauerlich, hoffentlich hat ihn seine Krankheit nicht so sehr geschwächt und ist er wieder gesund und kräftig. Ich glaubte ihn beinahe auf der Reise. Bei mir ging alles Knall auf Fall, und bei ihm zieht sich alles so in die Länge. Ich glaube, da ist mir doch das erstere lieber, wenn man bestimmt weiß, was und wie. Ich bin froh, daß ich wieder in einer bestimmten Arbeit stehe, und ich arbeite mit Lust und Freude. Freilich des Schweren giebt's genug, mancher Verdruß kommt vor, doch mit der Zeit wird's besser kommen, wenn ich besser sprechen gelernt habe. Die Sprache ist doch ziemlich schwierig, höchst sonderbare Wortstellung. Doch macht mir das GA-lernen Freude.

Für heute gute Nacht und süße Ruhe!

Den 4. Juni

Schnell sind die wenigen Tage vollends dahingegangen, und wir haben wieder Sonntag, eine neue Arbeitswoche liegt vor uns. Meine Sonntage hier sind ziemlich eintönig und gleichmäßig. Etwas später als sonst wird aufgestanden, gefrühstückt. Nachher richte ich noch im Zimmer, was es zu richten giebt, damit es auch hier so viel als möglich sonntäglich aussieht. Und dann setze ich mich hin und schreibe, wie es jetzt eben der Fall ist. Um 9 Uhr geht's zur Kirche, und wenn ich auch nichts verstehen kann von dem verkündigten Gottes Wort, so weiß ich doch, daß ich in der Kirche bin, an dem Ort, da an diesem Tage so viele Menschen auf der ganzen Welt zusammenkommen, das Wort Gottes zu hören und den Herrn anzubeten.

Nachher ist's dann bald Zeit zum Mittagessen, das wir gewöhnlich um 11 Uhr, in Ausnahmefällen um 12 Uhr einnehmen. Nach Tisch kann jedermann treiben, was er will: schlafen, lesen, schreiben und dergl. Ich treibe gewöhnlich die beiden letzteren. ½ 3 Uhr ist Kaffee, 3 Uhr Nachmittagskirche, nach derselben gehe ich manchmal zu Geschwister

Kölle bis zum Abendessen um 5 Uhr. Und dann wird's rasch dunkel. 7 ½ Uhr ist Andacht für die Anstaltskinder im großen Schulzimmer, und wenn ich auch jetzt nichts thun kann, so gehe ich jeden Abend dazu. Es ist eigentlich am Sonntag hier nicht viel, man kann nichts ordentliches thun. Daheim hat man einen längeren Nachmittag.

Letzten Montag, 29. Mai, kam nachmittags ein Mädchen mit freudestrahlendem Gesicht zur Arbeitsschule und stellte sich vor mich hin, ein Säckchen hinhaltend. Ich war schon damit beschäftigt, Arbeiten, Nadeln, Fingerhüte auszuteilen. Endlich nahm ich das Säckchen und sah in demselben einige afrikanische Sachen mit Zettelchen daran. Ein Körbchen trug die Aufschrift: *Present to Miss Zerweck from Mr. Saba.* Auf einer Art Tasche stand: *„Present from Rev. Saba to Rev. Zerweck, Stuttgart, Germany"* Ist das nicht rührend? Also unser Pfarrer Saba hat Dich, lieber Papa, und mich mit einem Geschenk bedacht. Ich habe mich bedankt, auch in Deinem Namen. Leider kann ich Dein Geschenk jetzt nicht alleine fortschicken, vielleicht später einmal findet sich Gelegenheit, einstweilen will ich es aufbewahren. Pfarrer Saba ist Dein eifriger Verehrer, später noch mehr von ihm.

Letzten Mittwoch, also am 31. Mai, war hier Konferenz von schwarzen Pfarrern, Katechisten und Lehrern. Es mochten etwa 25 an der Zahl sein. Mittags 2 Uhr war die Konferenz in der Kapelle. Was dort gethan und verhandelt wurde, kann ich nicht sagen, weil ich nicht dabei war. Daheim durften die Lehrerinnen bei den Konferenzen nicht fehlen, hier ist das anders. Aber in unserem Haus war während der Konferenz ein merkwürdiges Treiben. Tische und Stühle wurden gerückt, die seitherige Anzahl mehr als verdoppelt, Tische gedeckt und alles fein zubereitet. Bier, Bisquitts,

Fischchen, Pfeffer wurden aufgetischt. Da, etwa um ¾ 4 Uhr hörte ich unten viele Leute kommen, das Zimmer füllte sich mit schwarzen Gestalten: die Konferenz hat sich aufgelöst und kommt nun zum Essen ins Missionshaus. Geschwister Zürcher hatten sie eingeladen. Das war ein fröhliches Essen, wie ihnen das mundete! Zusprechen mußte man da nicht, es wurde schnell gegessen und getrunken, daß man nur lachen mußte. Natürlich von einer GA-Stunde war keine Rede, mein teacher Bartimeo mußte doch auch mittafeln. Bei meinem Erscheinen wurde ich vorgestellt als Tochter von Mr. Zerweck. Es schien, daß alle erfreut waren, diesen Namen zu hören. Merkwürdigerweise alle, die mich zuerst sehen, fragen, ob ich Jakobine heiße. Und dann, wenn sie meinen richtigen Namen wissen, fragen sie nach Nathanael. Wie oft sagte ich schon, daß er nach Persien als Missionar gehe; sie hätten ihn scheint's auch gerne hier gehabt und sind nicht zufrieden, daß nur die Tochter ihres einstigen Lehrers zu ihnen gekommen ist. Unsere Unterhaltung allemal ist eine gelungene: einer der Missionare sagt mir in Deutsch, was die Schwarzen fragen, ich antworte in Deutsch und er sagt's in GA. Somit habe ich gewöhnlich einen Dolmetscher nötig. Zur allgemeinen Freude brachte ich Familienbilder. Das hättet Ihr sehen sollen! Einige sagten: „Ja, so ist er gewesen" und fragten, ob Du graue Haare habest. Des Ansehens und Be- trachtens wollte kein Ende nehmen, wie meine Bilder nachher aussahen, könnt Ihr Euch denken, nur gut, daß Ihr unter Glas seid. Es waren ziemlich viele, die sagten, sie seien zu Dir in die Schule gegangen. Natürlich wurde auch wieder von Deiner Strenge gesprochen. Einer von ihnen stand auf und erzählte den anderen von seiner Schulzeit unter Dir. Der Schluß war der, es habe ihnen nicht geschadet. Und was das Schönste von allem war, kommt jetzt erst. Pfarrer Saba erzählte, sie haben Dich, lieber Papa, „*Xenophon*" geheißen, wegen Deiner Weisheit. Du habest so sehr viel gewußt und sie viel gelehrt, und wenn man nur von etwas sprach, etwas andeutete, so sei Dein Mund übergeflossen von Weisheit. Das ist doch ein schönes Zeugnis. Alle haben mir viele Grüße an Euch aufgetragen, und sie denken immer noch an Euch mit viel Liebe, sie werden ihren alten Lehrer von einst nicht vergessen. Ich denke, es freut Euch, das zu hören. Dein Name, lieber Papa, wird hier noch lange in Erinnerung bleiben und von dem, was Du gethan und gearbeitest hast in Deinem langjährigen Missionsleben, zeigen sich wohl noch viele Jahre Spuren. Und wenn nicht unmittelbar, so doch mittelbar treibst Du jetzt noch Mission. Wie manchen Missionssinn und -eifer hast Du schon geweckt und genährt in den Gemeinden, in welchen Du im Segen gearbeitet hast. Hier in Afrika durftest Du die Früchte Deiner Arbeit und Mühe nicht sehen; erst jetzt kommen sie zum Vorschein. So geht's auch in Europa in Deinen Gemeinden. Mit vollen Händen darfst Du einmal kommen.

Manches habe ich Euch nun von Afrika – Abokobi erzählt, und gar zu gerne möchte ich wissen, was Ihr macht uns wie's Euch geht. Ich hoffe, daß alle gesund sind. Mir geht's ganz gut, täglich kann ich meiner Arbeit nachgehen, und an dieser fehlt's nie. Denkt nur, neulich haben wir eine Bestellung für ein Kindermäntelchen erhalten, und ich hatte das Vergnügen, eins zu schneiden und zu machen. Es war mir etwas bange, aber es ist recht geworden, dem Kind hat es gestanden. Jetzt ist ein Kinderkleidchen bestellt. Was sagst Du, liebe Maria, dazu? Du denkst, was wird die Luise können. Trotz meiner Ungeschicklichkeit in diesen Dingen muß es doch gehen, und es geht auch. Hemdchen und Höschen sind auch zu machen, es ist nur gut, daß ich vorher schon Handarbeitsunterricht gegeben habe. Wir haben 48 Anstaltskinder, und 24 kommen aus der Stadt zur Schule, eine nette Anzahl, 72 im ganzen.

Ich bin wieder am Ende angekommen. Lebet wohl! In herzlicher Liebe mit Gruß und Kuß

Eure dankbare Luise

Christoph Gottlieb Zerweck, Luises Vater

(Quelle: Archiv von mission21, unbekannter Autor: Zerweck, Christoph Gottlieb, 1866/QS-30.001.0457.01)

Meine lieben Eltern und Geschwister!

Wie steht's bei Euch allen? Das ist meine erste Frage an Euch. Habe schon lange den letzten Brief von Euch erhalten und warte mit großer, großer Sehnsucht auf den nächsten. Seid Ihr alle gesund? Was macht Nathanael? Einmal habe ich an ihn geschrieben, habe aber nichts von ihm gehört, er hat mir kein Lebenszeichen zukommen lassen. Er hat scheint's keine Zeit, es geht ihm eben auch wie mir. Sehr schwer komme ich ans Briefschreiben und muß allemal die Zeit dazu gerade stehlen.

Den 28. Juni

Erst heute komme ich zum Weiterschreiben. Soeben, 10 Uhr vormittags, habe ich Euren lieben Brief von Accra aus erhalten. Wie habe ich mich darüber gefreut, habt recht herzlichen Dank für alle Eure Liebe, welche ich wiederum aufs neue daraus fühlen darf. Es freut mich, daß Ihr alle so ziemlich wohl und munter seid. (...)

Erfreulich sind die Nachrichten über den Missionseifer in Deiner Gemeinde. Der Herr segne die Geber reichlich und erwecke noch viele fröhliche Geber. Ja, wenn die Missionsschuld schon gedeckt wäre! Im Heidenboten vom Mai kommt doch ein netter Aufruf von Missionar Huppenbauer. Möge dieser auch vielen Leuten zu Herzen dringen. Du, lieber Papa, thust viel für die Mission; Dir werden es einst viele danken. Wenn ich nur daran denke, mit welcher

Liebe hier viele von Dir sprechen, namentlich Mr. Saba ist Dein eifrigster Verehrer. Er muß sich unendlich freuen, wenn ich einmal so vie GA verstehe, um zu sprechen und ihm zu erzählen. So oft er auf mein Zimmer kommt, sieht er immer und immer wieder unser Familienbild mit der gleichen Freude an. Und auch meine anderen Bilder sind seine Lieblinge. „In Freud und Schmerz schau himmelwärts" mußte ich ihm neulich in Englisch sagen. Da meinte er, das sei ein schönes Motto. Ja, und er hat auch recht, dürfte man nicht zum Himmel aufsehen in Freude und Schmerzen, es wäre ein trostloses Dasein.

Daß Theophils Sache Deinen Geburtstag, liebe Mama, etwas unangenehm berührt hat, ist sehr schade. Ich hoffe, Theophil läßt mit sich reden und bestrebt sich, ordentlich und fleißig zu sein, um Euch zu erfreuen. Ich hoffe gewiß, es wird noch mit allem recht und gut werden. Es kann ja nicht umsonst sein, daß Ihr alle Eure Kinder, uns Geschwister, in Gottesfurcht mit Liebe und Strenge erzogen und für sie gebetet habt und das immer noch thut, gewiß werdet Ihr noch Freude an allen erleben dürfen. Dies ist mein sehnlichster Wunsch, und der liebe Gott schenke Euch Gesundheit und Kraft und erhalte Euch uns noch viele, viele Jahre; wir alle haben's so sehr notwendig. Und uns schenke Er dankbare, liebende Herzen. Wie schön und erquicklich ist es, nur daran denken zu dürfen, daß man eine Heimat hat, wenn man auch viele 100 Meilen davon entfernt ist. Schon das Denken daran macht glücklich, und alles läßt sich wieder leichter tragen. Auch Nathanael wird's oftmals und viel so gehen wie mir.

Für Eure Ermahnungen bin ich Euch sehr dankbar, es ist gut, wenn man allemal wieder an dies und jenes erinnert wird, zumal von den lieben gutmeinenden Eltern. GA lerne ich in Stunden und im Umgang durch Fragen und auf verschiedene Weise, doch geht's langsam. Ich hoffe wenigstens, daß ich regelmäßig lebe; das Essen lasse ich mir gewöhnlich sehr schmecken und trinke auch etwas Wein. Nur mit den Eiern steht's ein wenig schief, auf dem Dampfer habe ich mir den Geschmack daran etwas verdorben. Überhaupt habe ich nicht im geringsten Erfolg nötig, da ich gesund hier angekommen und auch seither gewesen bin. Müde wird man von jeder Arbeit, warum hier nicht? Ich könnte benahe wie seither daheim arbeiten, aber meine Unkenntnis der Sprache legte von selbst einen Hemmschuh ein, und daß man hier ruhig und langsam weiterschreiten muß, das sehe ich täglich mehr ein, denn der Schwarze ist eben eine ganz andere Natur als unsereins. Von ihm muß man etwas Trägheit und Schlaffheit lernen, Kämpfe und Proben, innerlich und äußerlich, giebt's genug zu bestehen, doch darf ich auch immer zur rechten Zeit Hilfe erfahren, sei's durch ein ermutigendes Wort oder freundlichen Blick von den lieben Geschwistern hier oder durch ein starkes Bibelwort oder Gebet.

Ich bin dankbar für alles, und die Geschwister lassen's nicht fehlen; manchmal ein Blick auf Euch macht vieles wieder gut, daß ich mutiger und freudiger gestimmt werde. Und glücklich bin ich in der mir anvertrauten Arbeit, und wenn ich einmal die Sprache kann, werde ich's noch mehr sein. Schweres giebt's ja immer, aber es ist eine Freude, an den schwarzen Mädchen arbeiten, im Missionsdienst des Herrn in Afrika stehen zu dürfen. Der liebe Gott schenke mir, daß ich mich immer mehr und mehr ganz Seinem Dienst hingebe.

Nun gute Nacht und Gott befohlen! So bald ich kann, fange ich einen anderen Brief an, um fortzufahren. Nehmt mir nichts übel und gedenkt meiner in Liebe und in Eurem Gebet.

In herzlicher, dankbarer Liebe umarme und küsse ich Euch alle und bin mit den herzlichsten Grüßen

Eure dankbare Luise.

Meine lieben Eltern und Geschwister!

Länger als ich dachte und wollte ist's angestanden, bis ich wieder ans Schreiben komme. Aber so geht's eben in Africa. Einmal hat man absolut keine Zeit dazu, das andremal ist's zu heiß, man ist zu müde oder wenn man so will, zu faul dazu.

Den heutigen Sonntagmorgen will ich dazu benützen, um wenigstens den Anfang eines Briefes an Euch, Ihr Lieben, zu machen, es wird zwar gleich zur Kirche läuten.

Seit 9. Juli haben wir Ferien. An diesem Tag wollte Bruder Schopf, Generalschulinspektor, zum Examen kommen, wurde aber durch Krankheit verhindert. Somit hielt Bruder Zürcher daßelbe ab, vormittags von 8 Uhr bis etwa 12 ½ Uhr. Ich war auch als Zuhörerin dabei. Besucher, wohl aus Neugierde herzugekommen, hatten wir mehr als genug. Es war in unserem Schulzimmer furchtbar dumpf und schwül, trotzdem Fenster und Thüren weit geöffnet waren. Das Resultat war befriedigend, doch giebt es noch verschiedene Mißstände zu bekämpfen. Mr. Fleischer dürfte mehr Energie beweisen, es ist schade, daß er's in der Disziplin bedeutend fehlen läßt, auch sonst könnte er manches besser machen. Zum Schluß wurde teachers und Kindern bekannt gemacht, daß alle Samstag, den 29. Juli wieder da zu sein haben. Doch es wollte ihnen dünken, die Vakanz wäre zu kurz. Allein, geändert wurde nichts. Den Nachmittag über und teilweise nachts wurde eifrig gepackt. Am anderen Morgen gingen alle reisefertig fort. Gegürtet, die Last oder das Lästlein auf dem Kopf, so versammelten sie sich vor der Anstaltsthüre und sangen noch ein Lied miteinander, und dann zogen die einen nach rechts, die anderen nach links fröhlich der Heimat zu. Ich habe von der Veranda aus alles mitangeschaut, hätte ich gekonnt, so wäre ich auch mit ihnen gezogen, um 4 Wochen Ferien in der lieben Heimat zubringen zu dürfen.

Nachdem die Kinder weg waren, habe ich mit den teachers in der Anstalt alles vollends ins Reine gebracht, dann sind auch sie von dannen gezogen. Und drunten ist's recht still geworden, ich war die Ruhe gar nicht gewohnt, doch am 29. Juli wird mein schwarzes Völklein wieder seinen Einzug halten, dann beginnt unser Leben und Arbeiten wieder aufs neue.

Ihr vermutet mich während der Ferien wohl in Aburi, aber im Sanitorium ist's ganz besetzt von erholungsbedürftigen Geschwistern, und da ich erst von Europa gekommen, so bin ich hier geblieben. Von Geschwistern Irsenhans habe ich nach Odumase eine sehr liebe, freundliche Einladung erhalten, die Ferien bei ihnen zuzubringen. Allein, obwohl ich Geschwister Irsenhans sehr lieb gewonnen habe, glaubte ich doch, für diesmal die Einladung nicht annehmen zu dürfen. Ich war in Christiansborg so herzlich froh, als ich zum letztenmal meine Sachen einpackte, um hierher zu kommen, und ich dachte, sobald nicht wieder packen zu wollen. Das Reisen hier zu Land ist mit sehr vielen Umständen verbunden und zudem recht teuer. „Was thust Du denn in der langen Zeit?" höre ich Euch fragen. Ja denkt nur, Langeweile habe ich noch gar nicht bekommen. Trotz der Vakanz ist meine Zeit reichlich ausgefüllt, es wäre noch viel zu thun, könnte ich flinker und mehr arbeiten. Einmal nehme ich täglich morgens 8 Uhr eine GA-Stunde, natürlich muß ich mich darauf auch vorbereiten. Ferner lese und schreibe ich und treibe Handarbeit. Mein

Hauptwunsch ist, in diesen Ferien mein Zimmerchen besser ein- oder herzurichten, daß es gemütlich und heimelig wird. Bis jetzt konnte es mir nicht darin gefallen. Es ist freilich eine Kunst, alles schön und nett zu haben, wenn alles in einem Raum sein muß. Und Handarbeiten giebt's genug zu richten und zu machen.

Du, liebe Mama, schreibst in Deinem letzten Brief: „Schicken kann ich Dir noch nichts". Das ist auch gar nicht notwendig, und ich erwarte auch nichts, so weit es mich selbst betrifft. Ich koche mir ja nicht selbst, gehe viel mehr bei Geschwister Zürcher zu Tisch. Wenn Ihr nur so gut sein wollt und hie und da, wenn ich darum bitte, mir einige Sachen für Handarbeit schicken wollt, Handarbeitsartikel sind ja gut zu schicken, für sie muß man am wenigsten Sorge tragen gegenüber Backwerk und dergl.. An der Küste ist in derlei Sachen so schwer was zu bekommen, und zudem lassen sie einen oft lange warten. Denkt nur, so lange ich hier bin, bestellte ich mit jeder Last Soda für mich, und jedes Mal schreibt Bruder Thal: „Noch nicht da." So ging's mit Nudeln und Maccaroni. Hätte ich Frau Kölle nicht die Nudeln mitgebracht, so hätten wir damals schmale Kost gehabt, an der Küste gab's keine.

Viele Grüße an die liebe Tante und an alle. Lebet wohl!

In herzlicher Liebe grüßt und küsst Euch

Eure dankbare Luise

Meine lieben Eltern und Geschwister!

Heute ist also mein erster Geburtstag in Africa, und bei Euch Lieben feiern heute zwei Geburtstag. Mögen Theophil und Lydia recht glücklich miteinander sein. Du, lieber Theophil, wirst wohl jetzt Vakanz haben und dieselbe daheim verleben. Und da läßt Du's ja bekanntermaßen an Unterhaltung nicht fehlen. Hast dann wohl auch Zeit, mir einmal zu schreiben, nichtwahr? Und auch von Dir, liebe Lydia, würde ein Brieflein mich sehr erfreuen. Ich war heute schon viel bei Euch in Gedanken. Es ist heute Samstag. Als ich erwachte, fiel mir ein, daß mein Geburtstag ist. Ich erinnerte mich an die Geburtstage, welche ich in der lieben Heimat feiern durfte, sagte das schöne Geburtstagslied für mich und bat den lieben Gott und Heiland recht herzlich, mir Kraft und Mut zu meiner Arbeit zu schenken und wenn es Sein Wille ist, mich noch recht viele Geburtstage hier erleben zu lassen. Auch Eurer und aller habe ich in meinem Gebet gedacht. Der liebe Gott erhalte Euch Lieben alle gesund und schenke uns einmal ein fröhliches Wiedersehen. Die Worte des heutigen Lehrtextes – Bruder Zürcher las sie bei der Morgenandacht – machten mir einen ganz besonderen Eindruck. Es ist zum erstenmal, daß mir niemand zum Geburtstag gratuliert. Die Geschwister wissen's nicht. Geschwister Kölle sind in Aburi zur Erholung, Geschwister Zürcher und ich sind allein hier. Auf Eure lieben Briefe darf ich erst Ende dieses oder Anfang des nächsten Monats warten, um diese Zeit, gewöhnlich alle 4 Wochen, treffen Eure lieben Briefe ein. 4 Wochen, das ist eine lange Zeit, ich kann's allemal kaum mehr erwarten, bis die letzte Woche vorbei ist.

Gestern abend wurde ich durch was ganz Besonderes erfreut. Mit einer Last erhielt ich einen Brief mit meiner Adresse. Ich öffnete ihn, er war von Bruder Ramseyer geschrieben. Er schreibt so lieb und herzlich, daß ich sehr erfreut war. Es war mir gerade, als hätte er geahnt, welche Freude er mir gerade an diesem Abend mit seinem Brief machen kann. Daß mir Bruder Ramseyer schreibt, hat verschiedene Gründe: einmal will er mich recht herzlich willkommen in Africa heißen. Er redet mich mit Schwester Zerweck an und meint, wenn wir uns von Angesicht sehen würden, würden er und seine Frau vielleicht anders zu mir sagen. Er schreibt mir viele Grüße und wünscht mir Gottes Segen zu meiner Arbeit.

Ferner möchte er gerne Nachrichten über Euch, liebe Eltern, haben, möchte wissen, wie's Euch geht. Geschwister Ramseyer nehmen scheint's noch lebhaften Anteil an Eurem und unsrem Ergehen, wollt Ihr ihnen nicht bald schreiben? Ich werde ihnen schreiben und erzählen, so gut ich kann, aber ein Brief von Euch wird sie gewiß noch mehr erfreuen. Bruder Ramseyer schreibt, ich stehe ihnen als Missionskind besonders nahe, mehr noch als eine fremde Schwester, welche ins Land komme. Er erzählt mir, Du, lieber Papa, seist sein lieber Nebensitzer im Missionshaus gewesen, später hättet Ihr miteinander in Christiansborg 1 Jahr lang gearbeitet, und im Jahr 1866 hättest Du, liebe Mama, das Festessen an ihrer Hochzeit besorgt.

Heute Vormittag gab's dann zu putzen und zu ordnen. Unter der Arbeit vergeht die Zeit schnell, meine Lydia hat dabei geholfen. Sie ist seit 1. Juli bei mir und ist ein ordentliches Mädchen, muß aber alles neu lernen. Somit muß ich zeigen und alles selbst mithelfen. Und es giebt so mancherlei Arbeit, obwohl ich allein bin. Fürs Waschen und Bügeln brauche ich hauptsächlich ein größeres Mädchen, wären diese beiden Geschäfte nicht, so könnte ein kleines Anstaltsmädchen meine Sachen besorgen, wie Wasser holen, kehren und dergl. Heute abend haben wir Wäsche eingelegt, Montag wird gewaschen, Samstag wird gebügelt, und so geschieht's alle 14 Tage. Dazwischen lasse ich vielleicht ein farbiges Kleid oder farbige Schürzen, welche nicht mit Landesseife behandelt werden dürfen, auf der Veranda waschen. Ich bin froh, daß ich das neue Mädchen in der Vakanz etwas einleiten konnte, ich hoffe, es dann nachher besser zu haben. Lydia wußte eigentlich fast nichts von der Arbeit bei Europäern, doch ist sie nicht ungeschickt, und ich hoffe, mit der Zeit eine rechte Hilfe an ihr zu bekommen. Es ist auch sehr notwendig, daß sie meine Sachen fast selbständig besorgen lernt, da die Anstalt und alles, was damit zusammenhängt, auch jetzt das Lernen der Sprache, meine Zeit ganz in Anspruch nimmt. Manchmal wäre es gut, 4 Hände anstatt zwei und 8 Augen zu haben. Ich muß jetzt nach so manchem sehen, um das ich mich daheim gar nicht kümmern mußte. Ich hatte vorher noch niemals gestärkt und Kleider gebügelt. Doch hier geht's schon, man ist in dieser Beziehung nicht so sehr heikel, wenn's auch irgendwo ein Runzele hat, 's thut nichts, wenn nur alles wieder frisch und rein im Kasten hängt. Daß es überall sauber ist, namentlich in Kasten und Kisten, das lasse ich mir sehr angelegen sein. Caczotschen und derartigem Getier bin ich geführ, wir stehen einander feindlich gegenüber. Und von unseren Hauptfeinden, den Ratten, sind glücklicherweise 2 gefangen und getötet, doch sind's noch nicht alle. Das waren 2 große Tiere, so groß wie eine kleine Katze und dazu einen Schwanz. Gestern habe ich meinen Kasten ausgeräumt und ließ ihn auswaschen, und hernach räumte ich alles wieder ordentlich hinein. Heute habe ich meine wollenen Kleider aus dem Cabinenkoffer genommen und wie schon oft wieder danach gesehen. Die gebrauchten Kleider werden alle weiß und kriegen Flecken. Das läßt sich wohl in Africa nicht vermeiden. Überhaupt bleicht hier alles schnell. Wollte auf meinen heutigen Geburtstag mein Zimmerchen vollends ordentlich richten, hat aber nicht ganz gereicht, es fehlt mir Stoff, welchen Bruder Thal nicht schickte, da er und seine Frau krank sind. Ich hoffe aber, in der nächsten Woche alles ins Reine zu bringen, ehe die Schule wieder beginnt. Ich habe auch noch Handarbeiten zu richten.

Wir bekommen nach den Ferien wieder neue Mädchen, das ist ja eine Freude, wenn die Kinderschar so zunimmt, so viele waren's noch nie wie gegenwärtig. Heute habe ich einen englischen Brief konceptiert, der morgen abgeschickt werden muß. Es ist mein erster englischer Brief, den ich zu schreiben habe. Er enthält eine Antwort für einen Schwarzen in Christiansborg, welcher seine Tochter für die Anstalt anmeldete und anfragt, ob wir sie aufnehmen. Es ist schade, daß ich nicht besser englisch kann, doch ich hoffe, mit der Zeit noch mehr hineinzukommen. Ihr seht, neben dem GA muß ich mich auch noch dem Englischen widmen, und das nimmt viel Zeit, Kraft und Mühe in Anspruch. Doch macht's mir Freude. Den konceptierten Brief werde ich morgen Frau Zürcher bringen, und diese ist dann so gut, mir die Fehler zu sagen und zu verbessern helfen. An ihr habe ich viel, ich kann sie um vieles fragen, auch was die Anstalt betrifft. Wir helfen einander aus wo wir können, und so soll's ja auch sein. Wir sollen einander mit Rat und That beistehen und in Liebe miteinander leben. Wäre das nicht der Fall, so fühlte man sich ganz verlassen. Ich hoffe, wir verstehen uns mit der Zeit noch immer besser, damit unser Zusammensein auch ein gesegnetes ist.

Aber die Heimat, das ist doch der schönste Gedanke. Wie oft habe ich heute Eurer gedacht, namentlich heute abend. Es war so still, eine wohlthuende großartige Stille, am Himmel leuchtete Mond- und Sternenlicht. Wenn die Natur so wunderbar ist, das erhebt einen und stimmt vollends zum Loben und Danken dem Gott und Schöpfer, welcher seine Kinder nie verläßt.

Meinen letzten Brief werdet Ihr nicht lange vor diesem erhalten haben. Ich möchte Dir, liebe Maria, beifügen, die gewöhnlich verschiedenfarbige Wolle darf ziemlich bunt sein, das ist Negergeschmack. Wähle auch gelb oder grün. Wollt Ihr auch so gut sein und einige Schwämme beizupacken, ich habe es vergessen und schließlich keine Zeit mehr gehabt, mir welche zu kaufen, und an der Küste sind sie sehr teuer. Und wenn Ihr so gut sein wollt, auch 2 Stückchen Zahnkampferseife ohne Dose zu je 50 Pf. beizulegen. Bitte, schickt mir für alles Rechnung. Wenn ich Euch zu viel Mühe mache, schreibt's nur, daß ich's ein andermal nicht thun muß.

Und nun, meine lieben Eltern und Geschwister, gute Nacht! Lebet wohl!

In herzlicher Liebe mit Gruß und Kuß

Eure stets dankbare Luise.

Liebe Eltern und Geschwister!

Wir haben heute schon den 29. Juli, und es ist der letzte Samstag, an welchem es so schön ruhig ist. Deshalb möchte ich Euch heute nochmals schreiben, mit Euch Lieben ein wenig plaudern, ehe dieser Monat und diese Vakanz vollends zu Ende sind.

Ich muß sagen, diese Vakanz ist sehr schnell vergangen. Wenn ich nun auf diese Vakanz zurückblicke und mich frage, „Was hast du in dieser Zeit gethan?", so muß ich mich erst besinnen, um Antwort geben zu können. Wenn Ihr jetzt einen Blick in mein Zimmerle werfen könntet, so würdet Ihr einen Unterschied bemerken zu damals, als Ihr es im Geist betrachtet habt. An der Wand, da der Tisch steht, ist ein Gestell angebracht, darüber habe ich einen Vorhang gemacht, ähnlich wie Ihr einen habt. Ferner haben mein Waschtischchen und mein Bett auch Vorhänge erhalten, so daß es jetzt etwas ordentlicher bei mir aussieht. An der langen Wand sind 2 Bücherbrettchen angebracht, so daß ich endlich die meisten meiner Bücher hier unterbringen kann und im Kasten ein wenig mehr Platz habe. Die 2 Bücherbrettchen bestehen je aus 2 Brettern, welche mir der eingeborene Schreiner zurechtmachte. Sie haben an den Seiten je 2 Löcher, durch welche ich Hängemattenschnüre zog, habe alles regelmäßig gemacht, mit Knoten befestigt, und jetzt leisten sie mir gute Dienste. In 2 Ecken habe ich ein kleines Eckbrett. Auf dem einen sind Muscheln aufgebeugt, teilweise darauf und von ihnen umgeben thront unser deutscher Kaiser, schade, daß nur 5 Kinder auf dem Bild sind. Die Muscheln sind sehr schön, ich habe sie meistenteils geschenkt bekommen. Auf dem anderen Eckbrettchen nahe der Thür steht meine Lampe, welche mir alle Abend schön hell macht zur Arbeit. Der Abend bricht so schnell herein, und da muß man sich durch künstliches Licht die Nacht zum Tage machen. Es hat ziemliche Mühe gekostet, bis alles genäht und gethan war, alles ist Handarbeit, nichts mit der Maschine genäht worden. Beim Nähen hat meine Lydia mitgeholfen, aber sie ist langsam. Außerdem habe ich auch sonst einige Handarbeiten gemacht, z.B. ein Kleidchen, Knabenkappen, Kinderschuhe und dergl. Auch wurde überall ausgeräumt, tüchtig gefegt, lauter Sachen, die sich in der Vakanz besser machen lassen als sonst. Mein Industriekasten wurde einer gründlichen Reinigung und Durchsuchung unterworfen, jetzt freut es mich immer, wenn ich ihn öffne. Es ist mir die größte Freude, wenn ich etwas daraus verkaufen kann und dann meine Kasse ein wenig bereichert wird.

Natürlich habe ich auch GA gelernt, habe täglich um 8 Uhr Stunde gehabt und meine Vorbereitung dazugerechnet, so habe ich täglich 2-3 Stunden GA getrieben. Doch's geht sehr langsam mit dem Sprechen. Man muß eben Geduld haben. Das Lesen geht im ganzen ordentlich, Mr. Bartimeo hat wenigstens nicht viel zu korrigieren, doch läßt jedenfalls die Aussprache noch viel zu wünschen übrig. Wenn ich einmal sprechen kann und keine Stunden mehr zu nehmen brauche, dann will ich herzlich froh sein.

Eine kleine Abwechslung in das gleichförmige Vakanzleben brachten 2 Ausflüge. Gleich am ersten Freitag begleitete ich Bruder Zürcher nach Ojarifa, das eine Stunde von hier entfernt ist. Dort war eine Beerdigung, und in Ojarifa ist nur ein teacher. Sonntag, den 9. Juli, waren wir, d.h. Geschwister Zürcher und ich, in Legong. Legong ist eine 2 Stunden entfernte Außenstation, sehr schön gelegen, ebenfalls nur mit einem teacher versehen. Dort teilte Bruder Zürcher das heilige Abendmahl aus, welches wir mit der kleinen Christengemeinde genossen. Es ist eine kleine, wenig zahlreiche Christengemeinde, etwa 20 Abendmahlsgäste waren es, einige waren krank, aber dieses Gemeindlein macht einen sehr guten Eindruck, man sieht, es hat inneres Leben. Namentlich der junge teacher Dsane erfreut durch seine fleißige treue Arbeit auf diesem Posten. Wenn er nur so weitermacht, dann wird es dort mit der Zeit vielleicht eine größere Gemeinde geben. Wir haben zu unserer leiblichen Erquickung nachmittags im Lehrerzimmer einen Fufee gegessen, allerdings einen sehr scharfen, von einer Negerfrau bereitet, und hernach haben wir Thee getrunken. Nachdem wir die Christen in ihren Häuslein aufgesucht und besucht hatten, ging's wieder auf den Heimweg. Die eine Hälfte des Weges sind wir zu Fuß gegangen, die andere ließen wir uns tragen. Ungefähr 5 ½ Uhr erreichten wir wieder Abokobi, wo wir wohl etwas müde, aber erfreut und dankbar für den schönen Sonntag ankamen.

Und jetzt noch etwas anderes. Es war Sonntag, der 16. Juli. Wie gewöhnlich saßen Geschwister Zürcher und ich um den Tisch abends etwa 8 ½ Uhr. Bruder Zürcher liest allemal eine Predigt vor, so auch diesen Sonntgabend. Plötzlich erklingen die Kirchenglocken, und zwar mit einer solchen Wucht, daß wir vor Schrecken einander nur ansehen können. Unsere Hauskinder sprangen heulend und schreiend herauf, über die Veranda und der Stadt zu. Auf unsere Fragen gaben sie keinerlei Gehör. Endlich können wir erfahren, ein Kind sei verloren gegangen. Ja, das ordentlichste, etwa 6jährige Mädchen unserer Kleinkinderschule wurde vermißt. Alle Leute versammelten sich, allein, in Haufen zusammenstehn, konnte das etwa helfen? Erst dachten wir, es könnte irgendwo liegen und schlafen. Bruder Zürcher und ich suchten mit der Laterne jeden Winkel in Kapelle und Schule aus, aber vergebens.

Mr. Saba hatte am Vormittag 2 *Hausa* gesehn, und diese sind gegenwärtig in unserer Gegend gefährlich, sie morden und stehlen, was sie können, vielleicht hatten sie das Kind mitgenommen. Endlich verteilten sich die Leute und gingen nach verschiedenen Richtungen, das Kind zu suchen. Die Kirchenglocke ließ nochmals laut und vernehmlich ihren ängstlichen Schall ertönen. Die Zurückgebliebenen versammelten sich, sangen Sterbelieder und beteten. Da endlich um 11 Uhr hörte man nochmals die Glocken, aber es war ein freudiger Schall. Das Kind war gefunden worden. Es war geschickt worden, etwas zu holen, hatte sich verlaufen und ging mit einem anderen Kind nach Adana. Dort fanden es die suchenden Männer. Ein fröhliches „Nun danket alle Gott" ertönte aus den dankbaren Herzen der ganzen Gemeinde. Was es heißt, mit den Trauernden zu trauern und mit den Fröhlichen sich zu freuen, das verstehen unsere schwarzen Leute hier.

Unsere Gemeinde ist in der letzten Zeit sehr heimgesucht worden. Solange ich hier bin, sind 7 Leute gestorben, 3 Erwachsene und 4 Kinder, während das ganze vorige Jahr nur 2 Todesfälle vorkamen.

Nun also nächsten Montag beginnt wieder die Schule. Ich hoffe, mit neuem Mut und neuer Freude an die Arbeit gehen zu dürfen. Wie geht's Euch allen? Ich hoffe, Ihr seid gesund, und ich hoffe, bald einen Brief von Euch zu erhalten. Wie steht's dieses Jahr mit dem Obst, Getreide und anderem?

Lebet wohl! Viele Grüße. In herzlicher Liebe grüße und küsse ich Euch alle und bin

Eure dankbare Luise.

Liebe Eltern und Geschwister!

Gestern Abend 8.30 Uhr wurde ich sehr erfreut durch Eure lieben Briefe. Habt herzlichen Dank dafür. (...) Eure Nachrichten sind verschiedener Art, nicht alle so, wie ich's gerne hätte. Jetzt haben wir schon August, Theophil wird Vakanz haben und bei Euch sein (...) Die Nachricht, daß Nathanael auf das Basler Missionsfest gehe und dort war, ist mir ganz neu, ich wußte davon nichts. Es hat mich sehr gefreut, daß er Euch auf dem Rückweg besucht hat, allerdings war's kurz, aber Ihr habt Euch doch gesehen und kurz gesprochen. Diese Änderung bzgl. seiner Anstellung und seines Wirkungskreises hat mich mit Freude erfüllt; ich glaube, in Palästina ist sein Aufenthalt mit weniger Gefahren verbunden als dies in Persien der Fall wäre. Ich hoffe, daß Marias Schweizer Reise schön und glücklich abgelaufen ist, und wünsche von Herzen, daß die gute, kräftige Gebirgsluft der Schwester wohlgethan und sie gestärkt hat. (...) Und Lydia war in der Heuvakanz in Cannstadt. Da hattet Ihr große Ruhe im Haus, wenn alles ausgeflogen war.

Was mich anbetrifft, so geht es mir gesundheitlich gut. Du, lieber Papa, schreibst, wenn ich nach 4 Wochen schon über Widerwärtigkeiten im Anstaltsleben zu klagen und zu berichten habe, was wird's erst in 4 Monaten, ja in 4 Jahren sein! Das erstere zu „klagen" trifft gewiß nicht zu bei mir, dagegen das zweite, denn es war nur ein bloßer Bericht von dem, was und wie ich hier alles gefunden habe. Wenn man so als junge Lehrerin nach Africa kommt, wenn man daheim als solche selbst thätig war und weiß, was eine Schule ist, so wird einem Manches und Vieles verwunderlich vorkommen. Mit der Zeit sieht man alles ganz anders an, und der Fortgang ist gewiß leichter als der Anfang. Eine Schule wie daheim wird sich hier nicht zustande bringen lassen. Dem einen fällt manches mehr als dem anderen auf, oder ist anders angelegt, daß es ihm nicht so viel ausmacht. (...) Allerdings muß ich immer mehr verlernen, nach europäischem Maßstab zu urteilen. Vergleichungen zwischen einer Schule daheim und einer Anstalt hier zu Land, lassen sich nicht gut machen, die letztere steht eben weit, weit zurück. Und doch habe ich mir unser Seminar und Waisenhaus zum Vorbild genommen; ich bin sehr froh, im Seminar gewesen zu sein, weiß ich ja nun aus eigener Erfahrung, was Anstaltsleben ist. Unsere Anstalt ist ganz anders als eine Schule. In letzterer ist man mit dem Schluß der Schulstunde frei, aber hier hat man den ganzen Tag für seine Anstalt einzustehen. Und das ist gerade das schöne an dieser Arbeit, daß man auch außer der Schulzeit für die Kinder zu sorgen hat. Es ist freilich schade, daß hier immer ein so großer Wechsel stattfinden muß, hervorgerufen durch Krankheit, ja Tod.

Letzten Montag haben wir unser neues Schuljahr begonnen mit 28 Anstaltskindern; es waren noch nicht alle da, sogar jetzt fehlen noch einige. Es ist betrübend, daß die Kinder oder deren Eltern nicht dazu zu bringen sind, zur bestimmten Zeit zu kommen. Trauriger aber sind drei Nachrichten, welche unser dieser Tage zu Ohren kamen. Meine zweite Lehrerin Koko und zwei Anstaltsmädchen sind gefallen. Ich konnte dies kaum glauben. Eines dieser beiden Mädchen hatte ich sehr lieb, da sie ordentlich war. Und Teacher Koko war im Ganzen eine gute Lehrerin gewesen. Wir verlieren sogar zwei Lehrerinnen. Meine erste Lehrerin ist nach den Ferien nicht zurückgekommen und kommt auch nicht mehr, weil ihr der Gehalt zu klein sei, wie ihr Vater sagte. So hatte ich diese Woche nur die dritte Lehrerin Otubia und die neue Monitorin Caroline. Mister Fleischer hat die zwei obersten Klasen und wir haben's gemacht, so gut es ging. Bruder Kölle ging gestern Abend nach Christiansborg, um mit Bruder Schopf zu reden. Vielleicht wird er dort wenigstens eine Lehrerin bekommen, dann reichen wir auch. Wir freuen uns, wenn alles wieder in Ordnung ist. Es sind einige Mädchen neu eingetreten, somit hat unsere Schülerzahl nicht abgenommen.

Gestern hatten wir nach einer Nacht starken Regens den ersten, kühleren Tag nach längerer Zeit. Auch heute ist's nicht so ganz hell, die Sonne ist etwas versteckt, aber es ist ziemlich schwül und dumpf. Wir waren sehr erfreut und dankbar über den Regen, da wir wenig Wasser haben.

An das Brieflein mit der Rechnung habe ich in letzter Zeit öfters gedacht, es ist bald ein halbes Jahr, daß ich beim Ohrenarzt in Stuttgart war. Bis Ihr diesen Brief erhaltet, ist es sogar schon ein Jahr. Ihr dürft diesen Betrag keineswegs für mich bezahlen. Ihr hättet aber auch mein Papier verkaufen können. Meines Wissens habe ich etwas über hundert Mark auf der Sparkasse, das Übrige, hätte ich Euch liebe Eltern, gebeten, für Euch zu behalten und selbst etwas zu kaufen oder damit zu thun, was notwendig ist. Ich kann Euch ja leider jetzt nichts kaufen von Africa aus. (...) Ich bitte Euch also, in dieser Sache nach Eurem Willen zu thun. Bezahlen werde ich es auf jeden Fall, Ihr habt ja sonst Auslagen genug und ich bin froh, daß einmal eines da ist, für das Ihr, liebe Eltern, dem Leib nach wenigstens nicht mehr sorgen müsst. Nathanael ist ja auch bald vollends ganz selbständig, und so kommt eins zu dem anderen, und ich hoffe, es wird bald besser gehen. Du, liebe Mama, frägst nach meinen Ohren und Augen und ich danke Dir herzlich, es geht gut. Meine Augen sind und bleiben etwas schwach, doch geht's ganz gut, für jetzt brauche ich kein farbiges Glas. Ferner frägst du nach meinen Sachen aus Basel, es ist mir von dort ganz nettes Weißzeug eingepackt worden. Die Kissenüberzüge über das Federkissen sind ganz recht, nur die über das Roßhaarkissele sind zu groß, d.h. zu lang, ich werde sie richtig machen. Das erste, was ich einmal neu brauchen werde, sind Strümpfe. Ich trage täglich weiße baumwollene Strümpfe und zwar habe ich die sechs Paar von Euch im Gebrauch, und diese sind schon recht dünn und fangen an zu zerreißen, sie sind ja nicht neu gewesen. Von Basel sind mir sechs Paar baumwollene Strümpfe eingepackt worden. Ich habe mein Weißzeug nicht alles in Gebrauch. Das meiste ist in einer Kiste, da der Platz im Kasten ziemlich beschränkt ist, auch Kleider habe ich eingepackt.

Heute soll's mit diesem genug sein. Ich will nur noch etwas wegen den Briefen bemerken. Für mich genügt als Adresse: Miss L. Zerweck, Basel Mission, Abokobi Gold Coast, W.-Africa.

Denn wir müssen unsere Briefe durch die englische Post befördern, haben sie auch selbst zu frankieren, und durch die englische Post werden uns die einlaufenden Briefe auch ins Haus befördert, also nicht mehr durch die Postkiste.

Viele Grüße an alle, lebet wohl!

In herzlicher Liebe mit Gruß und Kuss

Eure dankbare Luise

Abokobi, den 17. August 1893

Meine Lieben Alle!

Es ist Abend, aber ich will doch jetzt noch anfangen, Euch Lieben zu schreiben. Es ist diesmal etwas länger angestanden als nur 1 Woche, und bis dieser Brief abgeschickt werden kann, sind's 14 Tage seit dem letzten. Die englische Post geht nämlich erst nächsten Sonntag Abend wieder an die Küste. Ich hatte eben einmal wieder keine Zeit zum Briefeschreiben, kaum konnte ich das Notwendigste besorgen und ins Reine bringen. Und nach der anstrengenden Tagesarbeit war ich abends gewöhnlich zu müde zum Schreiben. Seitdem wir nur noch eine Lehrerin und eine Monitorin haben, muß ich vormittags in der Schule noch vielmehr nachsehen. Das macht mir Freude, und ich gehe sehr gerne hinunter, würde auch mehr eingreifen, wenn die Unkenntnis der Sprache nicht allemal ein gebietendes „Halt" einschalten würde. Doch geht's in diesem Kapitel so allmählich ein kleines Schrittlein weiter, ich kann da und dort eine kleine Bemerkung machen, doch ist immerhin noch viel Arbeit und viel Geduld nötig. Ich habe gegenwärtig nur noch 3 GA-Lektionen wöchentlich, denn ich habe nicht mehr Zeit zum Lernen. Ich lasse mir so oft ich kann, von meiner Lydia vorlesen, um den Ton recht zu hören. Ich merke, ich vergesse mich ganz, es wird Euch langweilen, über dieses Thema des Weiteren zu hören. Es giebt nichts Neues, besonders Interessantes zu berichten. Und nun für heute gute Nacht! Schlafet wohl und träumet süß.

Erst heute abend kann ich fortfahren. Jetzt ist's nach afrikanischer Zeit ½ 7 Uhr, und ich habe mir schon künstliches Licht angesteckt, während Ihr Lieben jetzt noch hellen Tag habt. Doch ist's bei Euch bald anders, noch wenige Wochen, und die langen Nächte sind wieder da. Dann ist's bei Euch aber auch schön gemütlich. Trotzdem heute freier Schultag war, hatte ich doch der Hände voll zu thun. Wir haben gründlich ausgeputzt und Wäsche eingelegt, so daß ich den ganzen Vormittag mithelfen mußte. Und nach Tisch, als ich auf meinem Tisch einige Blätter liegen sah, erfaßte mich auf einmal eine große Leselust, welcher ich unmöglich widerstehen konnte. Und ich habe ihr diesmal nachgegeben, mich hingesetzt und gelesen, und eh ich mich's versah, war's 2 Uhr. Um 3 Uhr machte ich mich dann an die notwendigen Handarbeiten und Richten der Verzeichnisse. Dies vollends in Ordnung zu machen nimmt auch eine gute Zeit in Anspruch. Jetzt nach dem Abendessen schreibe ich an Euch, doch in kurzem wird die Glocke zur Abendandacht läuten, dann ist's aus. Nach der Andacht ist Betstunde, da muß ich eilen, noch rechtzeitig zu kommen. Wir haben jeden Samstag Abend Betstunde und zwar wird regelmäßig gewechselt: einmal ist sie hier bei Geschwister Zürcher, das andere Mal drüben bei Geschwister Kölle. Heute kommen Geschwister Kölle herüber. Ich freue mich allemal sehr auf die Gebetsstunden, da kann ich auch von Herzen dabei sein. Auch auf den morgigen Sonntag freue ich mich, aber es sind keine Sonntage mehr wie daheim. Von der Predigt habe ich nichts, da ich nichts verstehe. Und dann ist's hier ziemlich unruhig in der Kirche.

Heute abend wird der Himmel wieder hell: Sternenpracht und Mondenschein. Ich habe es so sehr gerne, wenn der liebe Mond ein wenig in mein Zimmerchen hereinscheint, es ist dann viel heimeliger. Es giebt nicht Herrlicheres als abends den sternenübersäten Himmel zu betrachten und dazu das milde Mondlicht. Hier unten ist eine stete Unruhe, ein Heben, ein Senken, wie das Atmen einer bangen Menschenbrust, aber da oben, geordnet von Meisterhand, die Gruppen der Sterne. O, es ist so wohltuend und erquickend den wunderschönen Sternenhimmel anzuschauen; ich kann mich nicht satt daran sehen. Da muß der Mensch schweigen und anbetend stille stehen, wenn Gott in der Natur mit ihm redet. Nicht weniger schön und erhaben ist aber der Sonnenuntergang. Neulich war er gar zu herrlich. Eine dunkle Wolke stand am Himmel, und fast daneben schlüpfte die Sonne wie eine feuerrote Kugel ins Meer. Und siehe, einige Minuten nachher war die Wolke und der Himmel purpurrot gefärbt, es war gleichsam, als wollte die Sonne uns noch eine „Gute Nacht" zurufen. Ruft uns das Abendrot der scheidenden Sonne nicht auch zu: „Auf Wiedersehen!" Ja freilich, nach einer durchschlafenen oder durchwachten Nacht sehen wir die Sonne wieder wie vorher, und der liebliche Morgen schon mahnt uns daran, Gott zu loben und zu danken und Ihn um Seine Hilfe zu bitten. Und wie Er uns täglich Seine Sonne neu aufgehen läßt, so wendet Er auch seine Gnade und Güte nicht von uns ab, wenn wir uns zu Ihm halten. Unvergeßlich und täglich neu ist mir der Vers, welchen Du, lieber Papa, so manchmal angeführt hast; er ist einer meiner Lieblingsverse und fängt an: „An Seinen Händen wandle ich weiter und fürchte nicht, was kommen mag" etc. Und ich freue mich von Herzen, daß es dieselbe Sonne, derselbe Mond und dieselben Sterne sind, welche

Euch Lieben und mir scheinen. Und wenn ich abends manchmal ein Weilchen sinnend auf der Veranda stehe und in den Abendhimmel sehe, dann dachte ich schon öfter, vielleicht gedenkt jetzt auch das eine oder andere von Euch Lieben so meiner wie ich Eurer gedenke. Ja, es vergeht kein Tag, da ich nicht in Gedanken bei Euch bin.

Letzten Sonntag feierten wir hier das Ernte- und Herbstdankfest. Ich hatte vorher schon etwas läuten hören, aber ich war doch ziemlich überrascht, als wir uns der Kirche näherten. Die Pfosten und Eingänge waren mit Palmzweigen bekränzt, auch in der Kirche und um das Bild, den gekreuzigten Christus darstellend, war ein Kranz von Blumen und Blättern. Und der freie Platz vor Altar und Kanzel war belagert mit Korn, Yams, Erd- und Palmnüssen, Bananen, und auf dem Altar lag sogar ein Tabakpfeifchen mit einer angeklebten Penny-Marke, was jedenfalls von unserem Postmeister herrührte. Es sah alles recht nett in der Kirche aus. Doch sagten solche, welche schon mehrmals dabei gewesen waren, die Leute haben nicht viel gebracht. Die verschiedenen Sachen wurden vorher gekauft, und der Erlös kommt in die Kirchenkasse. Für mich war nichts dabei, das ich hätte kaufen können.

Morgen ist in *Akropong* das Missionsfest, in 14 Tagen in *Aburi*, wiederum 14 Tage später hier und den Sonntag darauf in *Christiansborg*. Also viele Missionsfeste. Gebe Gott, daß dadurch auch vieler Segen gestiftet wird, daß manche Heide gewonnen wird.

Obwohl wir erst Mitte August haben, so sehen wir jetzt schon ziemlich an das Ende des Jahres. Kurz vor Jahresschluß feiern wir ja Weihnachten. Das ist ja besonders ein

Freudenfest für die Kinder. Schon öfter haben wir besprochen und beraten, was sollen wir diesmal unseren mehr als 70 Anstaltskindern schenken, um sie zu erfreuen. Meine Vorgängerin hat allemal in ihre Heimat um Gaben geschrieben, nun ist's meine Aufgabe, für die Anstalt zu sorgen. Und so komme ich eben mit der herzlichsten, innigsten Bitte zu Euch Lieben allen, seid so gut und helft mir mit Rat und That, daß wir hier schöne Weihnachten feiern dürfen. Ich weiß nicht, habt Ihr's mit dem Negerbüblein so gemacht, wie ich gleich anfangs einmal geschrieben habe, habt Ihr etwas Geld beisammen oder werdet Ihr etwas zusammen bekommen? Ihr verzeiht mir, daß ich Euch jetzt mit solchen Dingen plage; ich weiß wohl, Ihr habt Arbeit genug, aber ich hoffe, Ihr findet so viele Zeit, uns durch eine Weihnachtssendung zu erfreuen. Ich bitte nur für meine Anstaltskinder. Wenn Ihr diesen Brief erhaltet, dann bitte seid so gut und schreibt mir sogleich, ob Ihr mir Sachen schicken wollt, damit ich mich noch an der Küste umsehen könnte. Falls Ihr meiner Bitte entsprecht, so bitte ich Euch um baldige Zusendung. Wir müssen dann ja noch sehen, ob's reicht. Im Falle Ihr also willens seid, so schlage ich einige Sachen vor: Puppen, Nadelbüchlein, Scheren, Fingerhüte, einige Spiele, darunter ein Damebrett, Notizbüchlein, schon zu 3 Pf. zu haben, Bleistifte, Federrohre, Federhalter, Federn, Griffel und dergl. mehr. Ihr wißt ja selbst, was die schwarzen Kinder freut, da überlasse ich Euch, zu wählen. Von meiner Anstaltskasse kann ich natürlich nicht viel oder nichts für solche Sachen verwenden, es kommt ganz auf die Einnahmen an. Ich bin Euch für alles dankbar und bitte Euch, nehmt meine Bitte nicht übel; Weihnachten kommt ja nur einmal im Jahr.

Und jetzt noch etwas. Dich, lieber Johannes, möchte ich herzlich bitten, mir von der Evangelischen Gesellschaft etwas mitzubringen. Ich habe nämlich gar nichts für die Kinder zur Belohnung, da habe ich einige Blätter in einem Catalog gefunden und zwar Fleißkärtchen. Bitte kaufe mir von den Fleißkärtchen Nr. 203 und 204 je 4 Bogen und noch andere hübsche Bilder nach eigener Auswahl. Bitte dann mir Rechnung schicken zu wollen, und ich werde Dir alles bezahlen.

Nun lebet wohl, und im voraus schon vielen herzlichen Dank. In innigster Liebe mit herzlichem Gruß und Kuß Euch allen

Eure dankbare Luise.

Meine lieben Eltern und Geschwister!

So glücklich wie in diesen Tagen habe ich mich noch nie gefühlt in Africa. Es ist mir so wohl und leicht im Herzen, ich kann mich freuen, kurz gesagt, ich bin glücklich. Und warum so? Nun, wir wollen nicht lange fragen, sondern wir wollen hören. Doch zuerst muß ich selbst etwas anderes sagen. Ihr habt wohl gedacht, ich werde Euch vorigen Sonntag schreiben, und ich wollte auch, aber es konnte eben einmal nicht sein. Warum? Verrate ich Euch Lieben später. Und jetzt zur Sache.

Letzten Freitag Morgen, den 1. Sept., wurde ich durch einen Anblick aufs herzlichste erfreut. Zur gewöhnlichen Zeit kam ich zum Frühstückstisch, da o Freude! lag auf meinem Platz ein Brief mit der Aufschrift von Deiner Hand, lieber Papa. Ja endlich, nach langem, langem Warten erhielt ich einen heimatlichen Brief aus dem lieben Elternhaus. Und welch ein Brief! Ich danke Dir, lieber Papa, eben von und mit ganzem Herzen, daß Du mir einen solch lieben, langen Brief geschrieben hast. Wie that und thut es mir so wohl, den Brief immer und immer wieder zu lesen; ich fühle die Liebe, mit welcher Du und Ihr alle meiner gedenkt; ich kann's nicht sagen und schreiben, es ist unbeschreiblich, wie glücklich und dankbar mich dies macht. Der liebe Gott erhalte Euch, liebe Eltern, und Euch alle gesund und bringe mich, wenn es Sein Wille ist, einmal wieder zu Euch. Dann wollen wir das Wiedersehen und Beisammensein mit vollen Zügen genießen, nicht wahr? Lieber Papa, Du schreibst mir so viel Neues und Interessantes, es hat mich alles so sehr gefreut, und ich nehme an allem großen Anteil und begleite Euch mit meinen Gedanken. Gar zu gerne hätte ich den Brief sogleich geöffnet und gelesen, alleine ich überwand die Lust und wartete, bis ich auf meinem Zimmer einige Augenblicke stehlen konnte. Deine GA-Sätze habe ich ziemlich entziffert und verstanden. Du kannst aber noch so gut GA, könnte ich das nur Dir und der lieben Mama schnell abnehmen.

Um mit der freudigsten Nachricht zu beginnen, so ist also Nathanael nun wirklich Dr. Zerweck der Philosophie. Mit welcher Freude hat mich das erfüllt! Wie gönne ich ihm nun diesen herrlichen Erfolg von Herzen. Es wäre doch zu schrecklich gewesen, hätte er alle die viele Mühe und den großen Fleiß umsonst angewandt. Nun ist ja alles gut, und seine Anstellung wird auch nicht mehr allzu lange auf sich warten lassen. Wir wollen nun dem lieben Gott für diese Freude recht von Herzen dankbar sein; und gewiß wird's bei uns allen, bei allen Euren Kindern, noch recht werden, wir wollen Ihm vertrauen und Seinen Segen erbitten. Ich hätte Nathanael gar gerne geschrieben und gratuliert, allein ich konnte nicht zum Schreiben kommen, und 4 Wochen ist eine lange Zeit, bis er endlich den Brief erhält.

Theophils Ferien werden nun bald zu Ende sein. Es freut mich, daß es nun so ordentlich geht, und ich hoffe zuversichtlich, es geht auch ferner. Als Du, lieber Papa, schriebst, hattet Ihr große Unordnung durch die Bauerei im Hause. Es sind seitdem mehr als 4 Wochen vergangen, und ich hoffe, Ihr seid nun wieder in Ordnung und alles ist eingerichtet. Noch kein halbes Jahr bin ich von Euch fort und solche Veränderungen! Wenn ich einmal wiederkomme, so kenne ich Euer Pfarrhaus gar nicht mehr.

Unterdessen werden Jakobine und Johannes aus dem Bad zurückgekehrt sein und bei Euch ihre letzte Zeit zubringen. Der liebe Gott segne Euch noch diese Wochen und Tage und bringe die Beiden glücklich nach Africa. Ich hoffe und bin begierig auf weitere Nachrichten.

Letzten Sonntag war das Missionsfest in Aburi, und da bin ich auf wiederholtes Einladen mit der größeren Hälfte meiner Kinderschar, besser gesagt meiner Bande, dorthin gegangen. Ja, zum ersten Mal seit ich Africas Boden betreten habe, pilgerte ich auf die Berge, zum ersten Mal sah ich den Ort meiner Geburt, die Stätte, wo meine Wiege stand.

Samstag, 2. Sept. morgens 7 Uhr bestieg ich die Hängematte, reiste mit Bruder Zürcher und Bruder Thal und einer kranken Schwester aus Quita, - diese war tags zuvor nach Abokobi gekommen. Es ging ganz fein vorwärts. Unten am Berg wurde Halt gemacht, nur die kranke Schwester mußte getragen werden, wir anderen nahmen den Weg unter die Füße. Welch herrlich Luft atmeten wir ein! Hier die Wald- und Bergesluft war ganz anders als in Abokobi, so frisch, wohltuend und kühlend. Und dieser prachtvolle Ausblick über die Ebene hin bis zum Meer, das sich wie ein blaugrauer Streifen am Horizont dahinzog. Einmal wieder im Wald! Der Aufstieg ging ganz gut. Punkt 10 ½ Uhr erreichten wir Aburi und mit demselben das Sanatorium, wo uns Geschwister Fisch herzlich willkommen hießen. Die Schwester und ich kamen in ein Zimmer zu wohnen, dem sogenannten Jungfrauenstüblein. Nun, ich habe also 2 schöne Tage in Aburis guter Bergluft verlebt, habe die dortigen Geschwister kennen gelernt, die Anstalt gesehen, mit deren Vorsteherin, Frau Schindler, geb. Rottmann, gesprochen. In Aburi ist alles größer, luftiger, besser, geräumiger als hier. Wo bin ich eigentlich geboren, im alten Haus oben oder unten? Ich habe während der 2 Tage die kranke Schwester gepflegt oder war bei den Kindern und Geschwister Fisch. Die Schwester hat auch jemand bei Nacht gebraucht; sie hat sehr heftige Schmerzen. Herr Dr. Fisch sagt, es sei eine Unterleibsentzündung. Morgen kommt eine andere Schwester aus Quita, um sie zu pflegen. Das Missionsfest war nachmittags von 2 – 5 Uhr. Verschiedene Brüder und ziemlich Eingeborene haben geredet, es war eine schöne Feier. Das Meiste wurde in *Tshi* geredet, Bruder Zürcher sprach Englisch, und Bruder Schuler von Kamerun redete Deutsch, Bruder Fisch war sein Dolmetscher.

Montag Mittag sind wir dann von Aburi weggegangen, den halben Weg bis zum Berg unten zu Fuß gelaufen, und hier waren unsere Träger mit unseren Hängematten. Nun ging's im gleichförmigen Trab vorwärts, auf und ab, hin und her, Ihr kennt's ja, und gegen 7 Uhr trafen wir müde, aber glücklich hier ein. Das war eine kleine Abwechslung in meinem Alltagsleben. Es hat wohl gethan, und davon muß ich wieder lange zehren. Das Reisen hier zu Land ist mit verschiedenen Mühen verbunden, zudem ist's sehr teuer. Nun, es hat mich nicht gereut, in Aburi geschwind gewesen zu sein. Seither ist alles im alten gleichmäßigen Geleise wie eine Uhr seinen Gang gegangen. Aber an diesem Morgen brachte mir eine Frau eine Last von der Küste. Ich war sehr überrascht, hatte ich doch nicht bestellt gehabt. Nun, Ihr könnt Euch denken, wie groß meine Freude war! Aus dem Paket kamen die schönsten *Asasa*, die man sich nur denken kann. Ich war und bin einfach überglücklich. Nun erhalten meine 75 Anstaltskinder zusammengesetzte Tücher, d.h. so weit es eben reicht, und sie werden sich sehr freuen. Habt Ihr Lieben alle, und besonders Du, lieber Immanuel, herzlichen Dank für diese Sendung. Der liebe Gott segne Euch dafür und vergelte Euch alle Eure Mühe, welche Ihr für uns verwendet. Wie freue ich mich da, bis die Sachen für Weihnachten kommen. Ich. weiß wohl, Ihr habt viel Arbeit, aber ich wage es doch, Euch darum zu bitten. Und ich weiß auch, wenn Ihr Geld zusammenbekommt, und das hoffe ich, so thut Ihr es gerne, es ist ja für die Mission.

Und jetzt komme ich nochmals mit einer Bitte zu Euch Lieben. Ich bitte recht herzlich und dringend besonders Dich, lieber Papa, denn Du mußt diesmal das Mittel zur Ausführung sein. Auf der Sparkasse habe ich eine kleine Summe. Nichtwahr, lieber Papa, Du bist so gut und verkaufst das „Papierle", und mit dem Geld thut Ihr, was gerade am nötigsten ist. Es ist das mein ernstlicher Wille und meine herzlichste Bitte. Verwendet's für die Brüder oder für Maria oder für was Ihr wollt. Gönnt mir die Freude, und laßt mich ein klein wenig Euch einmal wieder geben. Es thut mir leid, daß ich's von hier aus so wenig oder gar nicht kann.

Die nächsten Briefe werden Neues über Eure ferneren Beschlüsse bringen. Es ist schade, daß Immanuel nicht mehr bei Mörickes ist, jetzt ist's mit den schönen Stoffmustern aus und vorbei.

Ungefähr Mitte Juli schrieb ich an Bruder Roesli in Accra und bat ihn, 10 Pfund Kaffee an Euch zu schicken. Am 24. Juli schrieb er mir, er habe an diesem Tag dies an Euch geschickt. Habt Ihr den Kaffee unterdessen erhalten? Ich hoffe es und wünsche, daß er Euch gut schmeckt. Wie viel Zoll müsst Ihr bezahlen, für das Pfund 50 Pfennige?

Ich freue mich schon wieder auf den nächsten Brief. Hoffentlich ist jetzt Eure Bauerei beendigt, und Du hast mehr Ruhe, liebe Mama. Bleibt nur alle fein gesund. Viele Grüße an alle.

In treuer, herzlicher Liebe grüße und küsse ich Euch und verbleibe

Eure dankbare Luise

Meine Lieben Alle!

Heute vormittag wurde ich so sehr erfreut durch Eure lieben, lieben Briefe; ich bin so glücklich und dankbar für alle Eure Liebe, welche ich daraus fühlen darf. Habt recht vielen herzlichen Dank dafür. Wie freut es mich, daß Ihr trotz aller Arbeit im ganzen ordentlich wohl seid. Wenn Ihr nicht ganz die Ortsangabe überseht, so habt Ihr bereits bemerkt, daß ich mich wo anders befinde, aber nicht zur Erholung, sondern in voller Arbeit. Ja ich bin ganz unerwartet plötzlich von Abokobi hierher nach Odumase versetzt worden. Ich will Euch erzählen, wie es so gekommen. Meines Wissens habe ich noch in meinem letzten Brief bemerkt, daß Dr. Fisch in aller Morgenfrühe von Abokobi nach Odumase gerufen wurde. Die liebe Frl. Finckh war schwer erkrankt an Gallenfieber. Dr. Fisch eilte sofort hin, scheute weder Sturm noch Regen, weder Wasser noch alle Schwierigkeiten und traf abends in Odumase ein. Er hat ein Velociped, sonst hätte er die 14 Stunden nicht in einem Tag machen können. Dr. Fisch traf die liebe Clara Finckh recht krank und elend an; er konnte und durfte keine Hoffnung für ihr Leben haben. Wir warteten sehnsüchtig auf Nachricht. Da, Donnerstag, den 21. September, ließ uns Bruder Kölle zu sich bitten. Geschwister Zürcher und ich gingen hinüber. Es war ein Brief an die Station Abocobi gekommen von Bruder Irsenhans. Diesen Brief las Bruder Kölle vor und kurz gesagt, er enthielt die herzliche und dringende Bitte, mich sofort nach Odumase zur Aushilfe zur senden. Es war schnell gekommen, aber ich war augenblicklich bereit, aufzubrechen, denn zu helfen und beizustehen, wo es am nötigsten ist, ist meine größte Freude. Es blieb mir nichts anderes übrig, als so schnell als irgend möglich die Sachen mit der Anstalt zu erledigen, zu übergeben und das notwendigste einzupacken. Nachmittags von 2 - 4 Uhr gab ich noch Handarbeit, dann wurde den Kindern meine Abreise mitgeteilt und ihnen gesagt, daß die Hälfte derselben zu Frau Kölle, die andere zu Frau Zürcher zu kommen haben. Freitag, den 22. September morgens 6 ½ Uhr bin ich dann von Abocobi weggegangen und zwar an diesem Tag bis Akropong, wo ich abends 7 ¾ Uhr eintraf. Die Reise war erschwert durch den vielen Regen, weshalb der Boden oft fast ungangbar war. Ich mußte oftmals zu Fuß gehen. Samstags früh 6 ½ Uhr ging's abermals weiter. Aber erst an diesem Tag konnte man recht von Mühseligkeiten, Schwierigkeiten und Hindernissen einer afrikanischen Reise sprechen. Der Weg war oftmals bodenlos. Durch Wasser, angeschwellte Flüsse mußten wir schreiten. Aber der liebe Gott hat uns, mich mit meinen schwarzen Trägern, glücklich hierher gebracht. Einmal fiel einer der Träger auf dem schlüpfrigen Boden hin, doch es war ein glücklicher Fall, weder ihm noch mir hat der Fall etwas geschadet. Jedenfalls weiß ich jetzt, was es heißt in Africa zu reisen. Geschadet hat's nichts, im Gegenteil, ich habe manches dabei gelernt. Zudem habe ich die Reise nicht zu meinem Vergnügen gemacht, sondern sie war ein Notwerk. Mittags 2 Uhr traf ich in Odumase ein. Von Geschwister Irsenhans wurde ich aufs herzlichste aufgenommen. Clara Finckh war noch am Leben, aber an diesem Tag meistens bewußtlos. Sie merkte nichts von dem, was um sie her vorging und fühlte nichts oder nicht viel von Schmerzen. Frau Irsenhans war allein mit der großen Haushaltung. Es war einfach zu viel, um so mehr, da Frau Irsenhans selbst nicht so ganz kräftig ist; sie erwartet in

Bälde ein Kleines. Es war also gut, daß ich gekommen bin. Auf meinen Wunsch führte mich Bruder Irsenhans zu der Kranken. Bewußtlos, schwer atmend, das weiße Gesicht von dem dunklen Haar umrahmt, die Hände gefaltet, so lag die stille Dulderin auf ihrem Bett. Es war das erstemal, daß ich Clara Finckh sah, ihr Anblick hat mich tief ergriffen. Nicht wahr Ihr habt sie gekannt? Die Kranke fantasierte viel.

Den 3. Oktober

Die Nacht von Samstag auf Sonntag war eine sehr anstrengende für die wachhabenden Brüder, da Clara sehr unruhig war. Sonntag Vormittag nach der Kirche waren wir alle um das Krankenbett versammelt, man glaubte, das letzte Stündlein sei gekommen. Jedoch dieser Zustand besserte sich nochmals, das Leben flackerte noch einmal auf wie ein erlöschendes Licht. Die Kranke sprach wieder etwas und war nachmittags bei Bewußtsein. Abends nach Tisch waren wir im Wohnzimmer, Frau Irsenhans war bei der Kranken. Da kam ein Mädchen und rief nach Dr, Fisch, gleich nachher wurden wir gerufen. Wir eilten hin und kamen gerade noch recht, Augenzeugen des friedlichen, seligen Einschlafens der lieben Clara zu sein. Sie ist nun heimgegangen. Ja, es ist ein „Heimgang" gewesen; sie hat jetzt ausgekämpft und ausgerungen und darf Gott schauen dort im ewigen Lichte, wo kein Schmerz und keine Trennung mehr sein wird. Ich kann den letzten Blick der lieben Clara. welchen sie nach aufwärts gerichtet hat, nicht vergessen. Es ist dies das erste Sterbebett gewesen, an welchem ich in Africa stand, es wird mir eine lebenslängliche Erinnerung sein und bleiben. Wir sind sehr traurig, denn wir haben an Clara vieles verloren. Nachdem Dr. Eckhardt gestorben war, hat sie nach längerer Erholung auf den Bergen die hiesige Mädchenanstalt übernommen. Sie hat den Kranken viel Gutes gethan, hat besonders auch manche kranken Missionsfrauen gepflegt und ist ihnen beigestanden. Jetzt darf sie ruhen!

Montag, den 25. Sept. haben wir der Entschlafenen die letzte Liebe bewiesen, sie in Blumen gebettet und zur letzten Ruhe begleitet. Bruder Irsenhans hat im Haus und auf dem Grab gesprochen, alle waren tief bewegt. Unsere Thränen flossen und unsere Herzen bluteten, aber wir wollen der Entschlafenen ihre wohlverdiente Ruhe gönnen. Unserem menschlichen Verstand sind diese Wege des Herren un-begreiflich, aber wir wollen dem Herren stille halten, denn es ist Sein heiliger Wille. Schwer mag es für die Eltern sein, der Herr tröste sie reichlich. Ja, in Africa tritt der Tod oft plötzlich an einen heran, wenn man nur immer bereit ist, Abschied von dieser Welt zu nehmen, um vor Gottes Richterstuhl zu erscheinen. Ja, es ist eine ernste Zeit, schon 5 Todesfälle seit ich hier bin. Wir haben auch gegenwärtig sehr ungünstige Witterung. Einmal regnet's heftig wie ein Wolkenbruch, dann scheint die Sonne so sengend und brennend hernieder, daß es oft fast nicht zum Aushalten ist. Doch abends ist's hier in Odumase ordentlich kühl.

Ich bin nun also an der hiesigen Mädchenanstalt wohl so lange, bis ein Ersatz aus Europa da ist. Bruder Irsenhans hat telegraphisch um solchen angefragt, doch ist's jedenfalls eine Frage, ob schon im November jemand kommen kann. So werde ich wohl November, vielleicht auch Dezember hier sein.

Daß Ihr alle wohl seid, freut mich herzlich. Und ich wünsche von Herzen, daß der Winter nicht so streng wird, damit Ihr nicht so sehr frieren müsst. Obst habt Ihr in Hülle und Fülle. Da hat der liebe Gott so recht seinen Segen über Euch ausgeschüttet. Hier hat man ja das alles nicht, und zudem fehlt's oftmals an der Eßlust, oder daß man zu müde oder zu faul, wie man da sagen will, zum Essen ist.

Nun „Behüt Euch Alle Gott" und „Gute Nacht".

Mit vielen herzlich Grüßen und Küssen

Eure stets dankbare Luise.

Meine Lieben alle!

Letzten Donnerstag erhielt ich Euren lieben Brief, geschrieben vom lieben Papa und der lieben Tante. Wie sehr, sehr ich durch denselben erfreut wurde, und wie sehr ich Euch dafür danke, brauche ich wohl kaum zu wiederholen. Ihr dürft mir glauben, Eure Briefe sind meine größte, beinahe möchte ich sagen, einzige Freude in Africa. Ihr werdet mich wohl verstehen, wenn ich mich so ausdrücke; es soll nämlich so viel heißen, als mir äußerliche Freuden von Menschen zuteil werden. Im ganzen geht alles ruhig und gleichmäßig fort, jedes geht täglich seiner Arbeit nach, so gut und so viel, als ihm Kräfte und Gesundheit gestatten. Und was sollte man sich auch Besseres und Schöneres wünschen und denken, als täglich seine ganze Zeit und Kraft <u>der</u> Arbeit zu widmen und in <u>dem</u> Beruf zu gebrauchen, in welchen Gott ein jedes Einzelne gestellt hat. Mir wenigstens ist Arbeit, der Hände voll Arbeit, da man nicht zu fragen braucht, was soll ich jetzt thun, eine Freude und ein Glück.

Die lieben Briefe enthalten verschiedene Mitteilungen, für welche ich Euch recht von Herzen danke. Ihr habt von anderer Seite von meiner Arbeit und meinem Leben, meinem Thun und Lassen gehört. Es wäre wohl interessant zu wissen, wer so freundlich und liebevoll ist, Bericht über mich heimzusenden. Ich habe den Wunsch und redlichen Willen, stetig und treu, ohne viel Aufsehens, still und unverdrossen meine Arbeit zu thun und meinen schönen, mir so lieben Beruf zu erfüllen solange, als mir Gott Kraft und Gesundheit dazu schenkt, und zwar so zu thun und zu treiben, als ich vor Gott und Menschen verantworten kann. Ich sage, die Arbeit ist mir lieb und wert, ja gewiß, die herrliche Missionsarbeit, und das ist wahr, ich arbeite gern und möchte auch, daß meine schwarzen Kinder nach und nach mehr zu Fleiß und Ordnung gewöhnt werden. Leichter ist es allerdings, nur zu gebieten und zu befehlen, aber meiner Ansicht nach muß man selbst mit gutem Beispiel vorangehen und selbst mit angreifen. Was hilft alles Sagen und Sprechen, wenn man selbst nicht dabei ist, ebenso wenig, als wenn man Kindern immer und immer wieder droht und sie nie züchtigt. Ich will gewiß nicht alles nur nach meinem Willen erzwingen, sondern ich möchte nur arbeiten, treu und fleißig arbeiten, um nur ein wenig am großen Missionswerk beitragen zu dürfen. Und warum soll man nicht arbeiten, wenn Gott selbst einem Mut und Kraft schenkt. Er ist es doch wert, daß Ihn jeder Blutstropf ehrt. Es betrübt mich sehr, daß man hier nur zu bald von seiner Kraft und Arbeitslust verliert, leider erlahmt man allmählich und die Spannkraft, wenn ich mich so ausdrücken will, wird schwächer und schwächer, sie schrumpft zusammen. Aber man muß auch dagegen kämpfen, die Kraft läßt sich ja stählen.

Den 29. Oktober

Leider ist seit dem Anfang des Briefes eine ganze Woche verstrichen, und erst heute kann ich die Fortsetzung und hoffentlich Schluß machen. Es thut mir leid, daß Ihr diesmal länger als sonst auf einen Brief warten müsst, es sind wohl bald 4 Wochen, seit ich den letzten Brief abgeschickt habe, aber ich kann nichts machen. Auch bei mir hat das Fieber angeklopft und Einlaß begehrt, doch jetzt geht's wieder gut, und mit der neuen Woche wird die Kraft und Arbeitslust wieder kommen, und der liebe Gott wird's nicht versagen. Ihr braucht Euch ob dieser Mitteilung nicht im mindesten zu sorgen und zu grämen. Ich schreibe Euch dies nur, weil ich gegen Euch stets offen und ehrlich sein will, seid Ihr es doch, da ich ohne Rückhalt kommen darf. Wenn ich an Euch Lieben schreibe, so versetze ich mich ganz zu Euch, daß es ist, als ob ich mit Euch sprechen würde. Und das ist doch schön. Also nichtwahr? Ihr seid meinetwegen ruhig, ich bitte Euch herzlich.

Nathanael hat Abschied genommen und ist am Ende schon auf der Reise nach Tiflis. Ja, ein Abschied nach dem anderen, auf dieser Welt ist eben keine Ruhe. Ich bin sehr begierig auf Euren nächsten Brief. Und jetzt wird's recht still und leer bei Euch sein, nur Maria und Lydia sind daheim, Immanuel und Theophil sind in Reutlingen, und endlich findest hoffentlich auch Du, liebe Mama, mehr Ruhe, damit Du Dich nach der schweren Zeit etwas erholen kannst.

Ich bin jetzt schon mehr als 1 Monat in Odumase bei meinen lieben Reisebegleitern Geschwister Irsenhans. Und ich bin sehr gerne hier, habe mich schon ordentlich in die neue Anstalt und Arbeit eingelebt. Geschwister Irsenhans sind in jeder Beziehung ehrenwert, sie wecken und verdienen Vertrauen. Ich bin dankbar für alles, was sie mir schon gethan haben; sie lassen Euch herzlich grüßen.

Jetzt ist's wieder regenlose Witterung, nachdem's in der letzten Zeit furchtbar stark geregnet hat. Der Volta ist ausgetreten und hat alles ringsum zerstört. Es war fürchterliches Hochwasser und große Not, die Wege waren fast gänzlich ungangbar, kein Mensch wollte Lasten tragen. In Akropong ist die Kapelle wegen des Hochwassers eingestürzt, und die Schule ist ganz unbrauchbar geworden, auch sonst wurde ziemlich viel Schaden angerichtet, zudem sind Leute in Wassersnot geraten, einige Schwarze sind ertrunken.

Nun lebet wohl, und allen eine gute Zeit.

In herzlicher Liebe mit Gruß und Kuß

Eure stets dankbare Luise

(Wenn das Paket mit den Handarbeitssachen ankommt, so bin ich recht dankbar, wir könnten manches notwendig brauchen für die Ausstellung.)

Meine lieben, teuren Eltern und Geschwister!

Zwei Briefe auf einmal von Euch Lieben! Ich war letzten Samstag ganz glücklich, als ich sie in der Hand hielt. Wißt Ihr, hier kommen die Briefe einem gar geschickt hergeflogen, so mittags zwischen 11 und 12 Uhr erscheint der *Postman* Montag, Donnerstag und Samstag. Mit welchen Augen ihm nachgeblickt wird, wenn man beim Austeilen übergangen wird, davon weiß ich manches Liedlein zu singen. Aber letzten Samstag habe ich ihm ein recht fröhliches, herzliches „thank you" gesagt, er mag's meinem Blick angesehen haben, welche Freude ich über seine Gabe hatte. Mittags zwischen 11 und 12 Uhr ist die geschickteste Zeit, man hat nachher am ehesten Muße, die Briefe gründlich zu studieren, öfter zu lesen, bis man auch den kleinsten Gedanken, jedes Wort ordentlich erfaßt hat. Ich will Euch danken, danken von ganzem Herzensgrund für alle Liebe, welche ich aus den Briefen fühlen und erfahren darf. Ach, Ihr Lieben, Ihr habt meine Bitte so mit Liebe erfüllt, wie soll ich's Euch je danken? Ich darf meinen Kindern zu Weihnachten bescheren! Diese Freude wird mir zuteil durch Eure Liebe und der lieben anderen Geber. Also herzlichen Dank und reichlich „Vergelt's Gott". Und wenn wir Weihnachten gefeiert haben und ich lebe und gesund bin und auf den Bergen Luft nach all der Arbeit verspüre, dann will ich Euch und den lieben Missionsfreunden Bericht über unsere Weihnachtsfeier erstatten. Immer und immer wieder mußte ich lesen ob's auch wirklich so sei, daß Ihr so vieles kaufen könnt und schicken wollt. Ich könnte mich nicht mehr freuen, wenn die ganze Herrlichkeit mir gehören sollte. Und alles ist ja auch mein, ich habe an allem Teil, ist ja die Anstalt mein Arbeitsfeld, die Kinder meine Kinder und ich ihr „Mütterle". Im Glück anderer mein Glück zu suchen und zu finden, will ich mich immer mehr bestreben. Für mich selbst, d.h. meine eigene Person, wird ja Weihnachten nichts Besonderes sein, Ihr wißt ja, wie ich's meine, es ist etwas ganz anderes, wenn man alleine steht, als wenn man mit seinen Lieben Weihnachten feiert. Deshalb, meinen Kindern fröhliche, vergnügte Weihnachten, und ich will mich mit ihnen freuen. Ihr werdet nichts dagegen haben, wenn ich einiges hier behalte und das andere nach Abokobi sende. Im Gegenteil wird es Euch freuen, wenn sogar 2 Anstalten von Eurer Liebe genießen dürfen. Ihr habt Eure Luise in dem weiten Africa so froh und glücklich gemacht, und besonderen Dank sage ich allen denen von Euch, welche sich keine Mühe verdrießen ließen mitzuwirken, um anderen Freude zu bereiten. Ich hoffe, in der Vakanz alle meine Briefschulden abtragen zu können. Die gute Luft bringt mir dann vielleicht auch neue reichere Gedanken; wenn man so alle Tage immer daßelbe hat, wird man allmählich gedankenarm.

Ja, lieber Papa, Du hast mir sehr viel geschrieben in der letzten Zeit, ich danke Dir recht herzlich dafür. Ich kann nichts thun, als Euch jetzt mit Worten danken, aber wenn ich lebe und gesund bleibe, so sollt Ihr's auch einmal mit der That erfahren dürfen, <u>wie sehr</u> ich Euch dankbar bin. Einmal darf ich Euch wieder die Hände drücken, Euch in die lieben Augen schauen, und Ihr sollt dann sehen, daß ich, wenn auch Jahre hingegangen sein mögen, auch in dem fernen Africa Eure Euch liebende, dankbare Tochter geblieben bin und dies stets sein will.

Und nun „Gute Nacht".

In herzlicher Liebe mit vielem Dank

Eure Luise

Meine herzlichgeliebten, teuren Lieben!

Gerne möchte ich mich wenigstens brieflich unter die Reihen der Fröhlichen mischen an dem frohen Fest, dem herrlichen, lieblichen Abend, da ich, so alt ich bin, in Eurer Mitte noch nie gefehlt habe. Persönlich kann ich nicht erscheinen, so gerne ich's auch thäte, darum will ich mein Möglichstes thun, Euch zu schreiben und in Gedanken, in süßer Erinnerung an frohverlebte Tage bei Euch Lieben einkehren. Kommt dieser Brief fürs 1. Fest zu spät, was ja bei der großen Entfernung leicht vorkommen kann, so reicht's hoffentlich doch zum 2. Fest, zum Neujahr.

Nichtwahr? Das hätten wir's letzte Mal nicht gedacht, als wir so vergnügte, so herrlichschöne Weihnachten feierten. Es fehlen verschiedene von denen, welche damals sich so herzlich mit Euch freuten. Um mit meiner Wenigkeit zu beginnen, habe ich ja den Anfang zum Abschied gemacht, so weile ich hier im südlichen Africa, wo zu dieser Zeit die Sonne heißsengende Strahlen zur Erde sendet und nur Gewitter und wohltuende kühle Regen Abkühlung bringen. Nathanael ist auch fort, einstweilen hoffentlich glücklich an seinem Bestimmungsort in dem Kaukasien drüben angekommen. 2 weitere Anwesende, Jakobine und Johannes, sind gegenwärtig auf der See, kommen aber bis der Weihnachtsglockenschall ertönt in ihre afrikanische Heimat.

Euch allen, Ihr Lieben, wünsche ich von Herzen, so von ganzem Herzen, recht vergnügte, fröhliche Weihnachten. Jesus ist geboren, das ist die frohe Botschaft, ja möchte Er aufs Neue in unser aller Herzen geboren werden. Fröhliche

Weihnachten allen Menschen, denn der Herr Jesus ist für <u>alle</u> <u>Menschen</u> auf die Erde gekommen. Ihr Lieben, ich male mir Euren Heiligen Abend so schön in Gedanken aus. Es ist diesmal ein Sonntagabend. Wie herrlich, wenn der Christbaum, von Marias kunstfertigen Händen geschmückt, im schönsten Glanze strahlt. „Das ewige Licht dringt da herein, giebt der Welt ein' neuen Schein." „Fröhlich soll mein Herze springen", ich hoffe bestimmt, es wird für Euch ein fröhliches Fest, denn Ihr habt zuvor alles gethan, um anderen Freude zu machen. Wenn der Weihnachtstrubel verklungen ist, dann werden manche Kinderherzen hier danken und für die lieben, guten Geber beten.

Und wenn Ihr Weihnachten gefeiert habt, was giebt's da nicht alles zu erzählen! Wie freue ich mich jetzt schon auf die lieben Briefe, sie sind mir allemal ein Labsal für Geist, Gemüt und Herz, gleich einem müden Wanderer die Heimat, oder einem Durstigen ein frischer Trank, oder wie ein Stern in dunkler Nacht, oder wie eine Oase in der Wüste. Neue Freude, neue Lebens- und Arbeitslust kehren da allemal wieder ein, wenn so ein lieber Brief, von Vaters- und Muttershand geschrieben, seinen Einzug hält.

Den 27. Nov.

Es ist Montag Abend. Gestern haben wir den letzten Sonntag in diesem Kirchenjahr gefeiert. Noch wenige Tage, und wir beginnen das neue Kirchenjahr, und wie schnell wird des gewöhnlichen Jahres Ende erreicht sein. Advent feiern wir nächsten Sonntag. Der Herr ist gekommen, kommt täglich und wird kommen in meiner Todesstunde und wird richten die Lebendigen und die Toten. Diese schöne Erklärung, lieber Papa, hast Du uns allemal gegeben. Wenn ich dann einmal gut GA kann, dann will ich's meinen schwarzen Kindern auch so sagen. Jetzt kann ich's noch nicht. Um gleich nebenbei zu bemerken, hier wird ja *Adangme* gesprochen, nur die Kinder in der Schule lernen GA. Somit hören wir hier kein GA – die Leute wollen es nicht sprechen - und für einen Neuling ist's doch die Hauptsache, GA zu hören. Im ganzen geht's ordentlich, ich verstehe so immer die Hauptsache, kann mich auch allmählich etwas ausdrücken, natürlich mit riesigen Fehlern, und wenn ich nicht weiter weiß, dann zeige ich's oder mache ich's durch Bewegungen vor. Zum Lachen ist's gewiß oft. Anders ist's z.B. in Anum droben. Dort sprechen die Leute auch eine andere Sprache, aber dieselben lernen und sprechen mit Vorliebe *Tsi*, was die Missionsleute sprechen. *Tsi* zu können, gehört bei denselben zur Bildung, was bei den Kroboern nicht der Fall ist. Ihr, liebe Eltern, waret gewiß auch hier und habt den Kroboberg gesehen. Es ist ein herrlicher Anblick, dieser stolze, isoliert dastehende Berg, ein wirkliches Zeichen und Abbild vom Stolz und von der Hartnäckigkeit des nach ihm benannten Volkes. Die 2 schönen Städte droben sind zerstört, die Leute vertrieben, sie mußten nach englischem Gebot und Geheiß ihre Schandtaten und Greuel aufgeben. Möchte aber einmal die Zeit kommen, da dieses stolze Krobo-Volk seinen Nacken beugt unter dem sanften Joch des Evangeliums und Dem glaubt, Der auch für sie geboren, gestorben und auferstanden ist.

Was das Äußerliche anbelangt, so ist's hier bedeutend schöner als in Abokobi. Diese prächtigen Palmenwälder mit dem ewigen Gerausche und dem wohltuenden Schatten, es ist zu schön. In nächster Nähe vom Missionshaus giebt's Palmen, schade, daß man so sehr wenig hinauskommt. Seit ich hier bin, und das sind jetzt mehr als 2 Monate, bin ich nur die kurze Strecke zur Kapelle und zurück gekommen. So manchmal hatte ich schon ein rechtes Bedürfnis, nur einmal wieder hinaus weit hinaus zu kommen, aber das war nur vorübergehend. Ich bin stets gerne da, wo ich meine Arbeit habe. Will's Gott, so hoffe ich im Januar auf den Bergen recht viel frische Luft zu schnappen. Auf die Vakanz freue ich mich auch hier. 5 Monate ganz ohne Ausspannung immer an der Arbeit ist eine lange Zeit, zumal in Africa, doch es ist gegangen. Und so Gott hilft, geht's nachher wieder besser.

Nun möchte ich Euch noch schnell das Neujahr abgewinnen. Da steht's schon: „Glückliches, gesegnetes Neujahr!" Ja, der liebe Gott schenke Euch Lieben einen frohen Ausgang aus dem alten und gesegneten Eingang ins neue Heilsjahr 1894. Möge es Euch stets Freude bringen, besonders Euch, liebe Eltern, Freude an allen Euren Kindern. Jesus soll die Losung sein!

Viele Grüße. In herzlicher Liebe mit tausend Grüßen und Küssen

Eure stets dankbare Luise.

Meine Lieben Alle!

Denkt Euch nur meine Freude, als endlich gestern Abend die Weihnachtspakete anlangten. Glücklicherweise war's Sonntag Abend, und ich konnte also nach Herzenslust auspacken und ansehen. Nein, aber diese <u>Freude</u> könnt Ihr Euch gar nicht denken! Ihr habt wirklich gut gewählt, das wird ein Jubel geben unter den Kindern! Ich kann nichts thun, als Euch wieder und wieder meinen herzlichen Dank sagen. Der liebe Gott vergelt's Euch! Wie bin ich so glücklich! In Abokobi bekommt jedes Kind etwas, hier brauchen wir auch noch einiges, und was übrig ist, hebe ich fein säuberlich auf, daß keine Kakrotschen oder sonst was dahinter kommt. Leider wurde einiges naß, was eben nur den Vorteil hat, daß die betreffenden Sachen nach Negergeschmack noch farbenreicher wurden. Nadelbüchlein, Scheren, Fingerhüte, Musterbüchlein etc. sind sehr willkommen. Überhaupt alles ist so ganz unseren Bedürfnissen angepaßt, daß ich ganz entzückt darüber war. Und welche Freude werden die Puppen machen, sie sind und bleiben doch die größte Freude der Kinder.

Besonders herzlichen Dank für die Sachen, mit welchen Ihr mich beschenkt habt! Ich hätte doch eigentlich gar nichts für mich erwartet und war sehr überrascht und erfreut, herzlichsten Dank allen! Schwämme und Zahnkampferseife habe ich gleich in Gebrauch genommen, ein Zeichen, wie erwünscht das war. Die Fruchtschale und die Teller sind sehr schön, leider ist der Fuß der Fruchtschale zerbrochen, sonst kam alles gut an. Die schöne, gut Schere wird mir gute

Dienste leisten, beim Gebrauch werde ich stets der lieben Geber gedenken. Und die schönen Flecke, es ist eine wahre Pracht und große Freude. Daß ich schließlich nicht das gute Backwerk vergesse: es ist Dein Meisterwerk, liebe Mama, es schmeckt vortrefflich, so herrlich heimatlich!

Was die Handarbeitssendung betrifft, so darfst Du Dir keine Sorgen machen, liebe Mama. Die bunte Wolle wird meistenteils verkauft, die verarbeiten wir gar nicht allein. Nur die feinere Wolle, Stoffe und die feineren Sachen werden von uns verarbeitet. Bald werde ich mehr darüber schreiben. Ich muß sehr eilen, da ich zur Schule muß. Dir, lieber Papa, herzlichsten Dank für Deine kurzgefasste Reformationspredigt, die habe ich auch wieder einmal verstanden. Tante und Lydia ebenfalls besten Dank und sie mögen sich gedulden bis zur Vakanz.

Und nun zum Schluß allen herzlichen Gruß und Kuß

Eure Luise

Mein lieben teuren Eltern und Geschwister!

Die lieben Weihnachtsglocken sind verhallt, der prachtvolle Lichterschein des Weihnachtsbaumes ist längst erloschen; die süßen Weihnachtslieder sind verstummt, es wird stiller und stiller um einen her; ernster und nachdenklicher wird das eigene Herz: das Jahr neigt sich zu Ende. (...) Gedenkt meiner auch im kommenden Jahr in Liebe und in Eurem Gebet, wie Ihr dies seither so reichlich gethan habt. Leider kann ich Euch nur mit schlechten, geringen Worten danken, aber es kommt von Herzen. Der liebe Gott segne Euch auch reichlich für alles, was Ihr an mir und meinen Anstalten gethan habt. (...) Wir hatten heute abend 7 Uhr einen Gottesdienst zum Jahresschluß, nachher haben wir noch mit Geschwister Irsenhans einen lieblichen, gemütlichen Abend gehabt und haben Lose gezogen. Jetzt ist nur noch kurze Zeit bis Mitternacht. Ihr Lieben, schlafet wohl und glücklich ins neue Jahr hinüber und dann fröhliches Erwachen.

9. Januar 1894

Der in der letzten Nacht des vorigen Jahres begonnene Brief liegt bis heute unvollendet in meiner Brieftasche.(...) Fürs erste wisset, daß ich in Aburi im Sanitorium ganz und gar stecke. Bin recht freundlich und herzlich von den lieben Hauseltern Doctor Fisch und seiner lieben Frau empfangen und aufgenommen worden.

Doch laßt mich Euch nach und nach ordentlich erzählen, wie's so kommt. Ins neue Jahr hinüber habe ich gewacht, man verschläft ja einen solch wichtigen Schritt nicht gern. Ich habe diesmal Jahresschluß vollends gehalten, und mit dem lieben Gott bin ich ins neue Jahr eingetreten. Und Er, ohne dessen Willen kein Haar von unserem Haupte fällt, wird mich und Euch und Alle auch in diesem Jahr nach Seinem Willen behüten, versorgen und erhalten.

Am Neujahrstag (...) habe ich meine zwei Lasten gepackt und das Übrige alles zusammengerichtet, damit's nachgeschickt werden kann. Am Neujahrsabend habe ich mich nach der Andacht von meinen mir ebenfalls sehr lieb gewordenen Odumase-Kindern verabschiedet, und der Abschied rührte sie zu Thränen. Und in späterer Abendstunde hielt Bruder Irsenhans noch ein Gebetsstündlein und verabschiedete mich und schloß mit einem herzlichen Gebet. (...) Ich weiß nur, es ist sehr schwer für ein Einzelstehendes, wenn es sich irgendwo heimisch fühlt, dann wieder Abschied nehmen zu müssen, zumal hier in Africa. Nun, ich hoffe, in Abokobi auch bald wieder daheim zu sein. Und der liebe Gott wird helfen!

(...) Am 3. Januar ging's dann hierher weiter und ich war froh nach Aburi zu kommen. Müde war ich und freute mich auf die Vakanz, welche mir neue Kräfte zur kommenden Arbeit bringen wird. Ich hatte in diesen ersten Tagen auch Fieber, doch geht's heute wieder ganz gut, und Ihr dürft Euch nicht sorgen. Ruhe und Erholung brauche ich jetzt ein wenig und das kann ich ja in den nächsten Wochen haben. Alle Geschwister, die hierher kommen, freuen sich so sehr auf Ausspannung. Es kamen in der letzten Zeit so viele Gallenfieber vor, zum Teil sehr heftige, doch hat der liebe

Gott seine gnädige Hand schützend über uns gehalten und uns vor Schwererem behütet.(...) In den Weihnachtstagen und später wartete ich mehr als sonst auf Eure lieben Briefe, aber umsonst. Doch hoffe ich, daß bald welche kommen werden.

Ich denke Eurer sehr viel, ihr meine Lieben. Seid allesamt Gott befohlen und grüßet alle. Ich hoffe, Euch in den nächsten Tagen und Wochen mehr und ausführlicher schreiben zu dürfen.

In treuer, herzlicher Liebe grüße und küsse ich Euch Lieben alle und bin

Eure dankbare Luise

Der Postbote, auf den Luise immer so sehnsüchtig wartete

(Quelle: Archiv mission21, Rudolf Fisch: Postmen of the Basel Mission and of the government, 1906/D-30.20.028)

Die Kirche in Abokobi

(Quelle: Archiv von mission21, unbekannter Autor: Church in Abokobi / QD-30.013.0004)

Meine lieben, teuren Eltern und Geschwister!

Es ist Freitag. Soeben habe ich einen dicken, sehnlich erwarteten Brief von Euch Lieben erhalten. Meine Freude ist gar groß, größer als Ihr Euch denken könnt, und ich danke Euch eben vielmals recht herzlich, und im Geist schließe ich Euch alle in meine Arme und blicke Euch in dankbarer Liebe in die Augen. Es thut allemal so wohl im Herzen, so ein Brief, es ist heimatlich und bringt Heimatluft.

Am 5. Dez. erhieltet Ihr meinen Brief vom 22. Oktober. Ja, das war nach meinem ersten Fieber. Ihr Lieben habt Euch beunruhigt; das solltet Ihr nicht thun. Während Ihr in Sorgen seid, geht's dann vielleicht dem Gegenstand Eurer Sorge ganz gut. Wie schon geschrieben, folgten dem 1. noch einige weitere Fieber, welche aber gar nichts zu sagen hatten. Nach 2, höchstens 3 Tagen war ich immer wieder gesund und munter auf den Beinen. Hier in Africa ist ja das Fieber nichts Seltenes. Also ich bitte Euch, nur keine Sorge zu haben. Wir stehen ja überall in Gottes Hand, und wenn wir unserem lieben Gott und Heiland vertrauen, dann geht's gewiß gut.

Ich bin also seit 3. Januar hier in Aburi, in der kühlen, frischen, kräftigen Bergesluft. Ja, es ist hier etwas anderes, als in unserer GA-Ebene. Im Sanatorium sind alle Zimmer vollständig besetzt. Frl. Wachter und ich bewohnen das östlich gelegene Zimmer. So sind wir also bei den Geschwistern Fisch, den hiesigen Hauseltern, einlogiert und führen ein Leben in Liebe und Freude und geschwisterlicher Eintracht. Es ist auch nett, nach der langen, angestrengten Arbeitszeit einmal Vakanz zu haben, da man sich ein wenig gehen lassen kann und nicht beständig an die Stunde gebunden ist. Ich soll hier spazieren gehen, essen, trinken, schlafen, schwätzen und alles thun, wie derartige Dinge heißen, auch zusehen, wie das Gras wächst, den Vögeln lauschen, das Meer im fernen Osten aufsuchen, wenn möglich mit dem Fernrohr einen Dampfer erspähen, abends die großen Waldbrände betrachten, den wundervollen Sternenhimmel ansehen und dergl. mehr.

Doch habe ich so viel zu schreiben. Ich habe, so lange ich in Africa bin, noch keinen einzigen Bericht geschrieben, muß über Abokobi und Odumase berichten und Dankesbriefe für die Kleider für die Anstaltsmädchen, dann nicht zu vergessen den Weihnachtsbericht, welchen ich Euch und all den lieben Gebern noch immer schulde. Das alles ist für die Ferien aufgeschoben worden, dazu ist noch einiges vorhanden, wozu ich durchaus nicht kommen kann, wenn wir unsere Schule haben und das auch sein sollte. Nun, wenn man warten kann, wird sich alles so nach und nach begeben, nicht wahr?

Zum „Langeschlafen" wird die Vakanz nicht verwendet. Sobald es hell genug ist zum Aufstehen und Ankleiden wird das Bett verlassen, und das ist zwischen ¾ 6 und 6 Uhr. Dann geht mein erster Gang zum Bad. Unten im Missionsbecken ist Wasser, das aber hier sehr kalt ist. Doch nach kurzer Überwindung geht's, und wie wohl und leicht ist's einem nach einer solchen Abwaschung. Man spürt's den ganzen Tag, aber kalt ist's immerhin, manche können's nicht vertragen. War's zu Eurer Zeit, liebe Eltern, auch so, oder hattet Ihr Badewannen? In Kamerun, glaube ich, haben sie welche, das ist freilich angenehmer, aber wir in Abokobi hätten das Wasser gar nicht zu einem täglichen ganzen Bad. Man muß immerhin dankbar sein für diese Einrichtung bei der täglichen Hitze. Nach dem sogenannten Bad kleide ich mich vollständig an, mache mich für den Tag zurecht nach Leib und Seele. Ein Kapitel im Testament wird gelesen, darüber nachgedacht, dann Gebet, herzlicher Umgang mit Gott, das ist meine eigene tägliche Andacht. Dann kann ich so frisch und fröhlich an die Arbeit gehen. Da hilft der Herr immer wieder. Ihm danke ich von Herzensgrund, daß Er mich in Africa gebrauchen will, daß ich hier Lehrerin sein darf. Wenn's nur einmal mit der Sprache besser gehen wollte! Wortweise, ja, das geht so, aber in zusammenhängender Rede, mit richtiger Wortstellung etwas sagen, das ist sehr schwer.

Dir, lieber Papa, danke ich von ganzem, ganzem Herzen für Deine so freundlichen Mitteilungen betreffs des Kirchenjahres. Ja, das kann ich so gut gebrauchen, und wenn ich einmal so weit bin, dann will ich's meinen Kindern auch so zu erklären suchen, wie Du es allemal uns gethan hast. Ich freue mich so sehr darauf, bis ich's kann, dann ist auch der Umgang mit den kleinen und großen Leuten ein ganz anderer, wenn man mit ihnen sprechen kann. Wenn ich nur das GA schon alles könnte, das Ihr jetzt nach 20 Jahren noch könnt; ich meine oft, ich könne es gar nicht so lernen, aber Gott legt ja auch seinen Segen auf das Sprachstudium. Was Du über die Mission im allgemeinen schreibst, lieber Papa, habe ich längst bemerkt und beobachtet, und es hat mir herzlich leid gethan und betrübt mich sehr. Es gebührt mir nicht, darüber zu urteilen, nur so viel will ich sagen, es fehlt so oft und viel an der rechten und innigen Liebe zum Herrn und untereinander. Würde mehr gebetet, geliebt, geglaubt, wir würden auch mehr Segen empfangen. Doch, es giebt immer noch einige, denen es ein wirklich heiliger Ernst ist mir der Missionssache, denen Gottes Ehre stets voran steht, und wenn's nur wenige sind, so wird Gott gewiß um dieser wenigen Willen seinen Segen nicht versagen. Wir haben ja solche Beispiele in der Heiligen Schrift. In Odumase habe ich „Karl Geroks Leben" gelesen, und das hat mich sehr gefreut. Im ganzen komme ich sehr wenig ans Lesen, höchstens abends. Darf ich hier bei dieser Gelegenheit etwas beifügen, und ich hoffe, Ihr lieben Eltern, nehmt mir's nicht übel, wenn ich das frei und offen sage. Ihr habt mir zu Weihnachten schöne Teller und eine schöne Fruchtschale gesandt, und ich danke Euch auch sehr dafür. Jetzt in meinem kleinen Kämmerchen in Abokobi habe ich keinen Platz mehr, es aufzustellen, die lieben Photographien stelle ich lieber auf. Nun, bitte nehmt's mir nicht übel, wenn ich Euch offen gestehe, daß mich irgend ein gutes Buch mehr gefreut hätte. Ich habe aber von Euch Lieben gar nichts erwartet, ich kann Euch ja auch mit nichts erfreuen, aber wenn Ihr doch etwas schicken wollt, dann will ich's Euch lieber sagen, daß mich ein Buch unaussprechlich freuen würde. Manchmal hätte ich schon gerne eine Auslegung von diesem oder jenem Bibelwort gelesen, aber ich habe gar kein derartiges Buch. Du, lieber Papa, hast ja viele solcher Bücher, vielleicht giebst Du mir gerne einmal eines, und Du weißt auch am besten, was gut ist und paßt.

Nun möchte ich noch weniges erzählen. Vor Weihnachten hatte ich so wenig Zeit. Am 1. Advent feierten wir in Odumase fröhliches Tauffest. Das Kind von Geschwister Irsenhans wurde getauft und erhielt die Namen „Johannes Friedrich". Bruder Kölle, der von Abokobi gekommen war, und ich waren stellvertretende Paten. Es war mir eine große

Freude. Gleich darauf war ich dann in Akropong bei Jakobine und Johannes, welche mir viel erzählt haben. Dann war noch eine strenge Arbeitszeit bis Weihnachten. Und jetzt bin ich hier und feiere.

Und wie geht es Euch, Ihr Lieben? Hoffentlich haben sich Schnupfen und andere Winterkrankheiten, auch Influenza, verloren, bis dieser Brief zu Euch erreicht. Dann ist Februar. Wie merkwürdig, Ihr habt kalten Winter, und wir fühlen nichts davon, wir haben jetzt täglich *Harmatan*.

Morgen ist's 1 Jahr seit Eurer silbernen Hochzeit. Nun ein andermal auf Wiedersehen im Brief und alle Gott befohlen. Mit herzlichem Gruß und Kuß

Eure stets dankbare, Euch treuliebende Luise.

Meine Lieben Alle!

Wieder in Abokobi bin ich, im alten warmen Nest, wie die liebe Frau Kölle sagt. Die Vakanz hat mir gut gethan, und körperlich und geistig gestärkt bin ich zurückgekehrt. Und es hat gleich wieder tüchtig Arbeit gegeben. Unser englischer Schulinspektor kam letzten Donnerstag ganz unerwartet; er sollte erst morgen kommen. Er hat Freitag die Knaben-, Samstag die Mädchenschule examiniert, und es ist alles im Ganzen ordentlich gegangen, trotz der Ferien. Er hat auch nach der Handarbeit geschaut. Wir hatten noch sehr viel zu richten, doch's hat gerade gereicht. Eine Woche bin ich jetzt wieder hier, morgen beginnen wir wieder unsere Schule regelmäßig, und hoffentlich sind wir bald im Fahrwasser des Anstaltslebens. Und der liebe Gott segne unsre Arbeit. Nur Er allein kann's machen, daß wir tüchtig und geschickt sind und unsere Arbeit einigen Erfolg hat.

Ich bewohne wiederum alleine das alte Haus. Einige Tage war Bruder Zürcher da, über das Examen und die Lehrerkonferenz. Geschwister Zürcher sind noch in Aburi, da Frau Zürcher sich noch nicht genug erholt hat von ihrem Gallenfieber. In 14 Tagen ungefähr werden sie zurückkommen.

Bis dieser Brief in Eure Hände gelangt, habt Ihr schon erfahren, daß der Tod wiederum eine schmerzliche Lücke in unseren Geschwisterkreis gerissen hat. Ja, die liebe Frau Bächtle ist heimgegangen. Sie hatte Gallenfieber, es war ganz ähnlich wie bei der lieben Frl. Finckh. Das sind traurige Nachrichten, nichtwahr, Ihr Lieben? Und wüßten wir nicht, daß es Gott ist, der es gethan hat, so müßten wir verzagen. Frau Bächtle war die 2. Frau des Bruder Bächtle. Jetzt ist er mit seinem Kind in Aburi, denn auch er ist nicht recht wohl. Und wie merkwürdig! Frau Bächtle war die leibliche Schwester von Bruder Zürcher. Seine Frau bekam in Aburi Gallenfieber. Kaum ist sie genesen und kann ein wenig aufstehen, so kommt von Christiansborg das Telegramm: „Frau Bächtle hat Gallenfieber, Dr. Fisch schnell kommen!" Eine halbe Stunde später fährt Bruder Fisch mit seinem Rad nach Osie. Anderen Morgen kommt ein Telegramm von Dr. Fisch: „Frau Bächtle schwer krank," und später heißt's: „Hoffnungslos!" Der arme Bruder Zürcher reißt sich von seiner kaum genesenen Frau los und eilt ebenfalls per Rad nach Christiansborg an das Sterbebett seiner geliebten Schwester. Das war Donnerstag. Samstagabend nach 4 Uhr hatte die teure Dulderin ausgekämpft. Ja, das ist ein großer Schmerz, und alle fühlen mit. Was soll der Vater mit seinem 5/4 Jahre alten Töchterchen anfangen? Sich vom Vermächtnis seiner Frau trennen, das ist ein neuer Schmerz. Im Monat Januar kamen auf der Goldküste 6 Gallenfieberfälle vor, und zwar wurden 3 ledige Brüder und 3 Missionarsfrauen von dieser schrecklichen Krankheit heimgesucht. Mit Gottes Hilfe sind 5 wieder genesen, eine Frau hat der Herr heimgeholt.

Es war also gleich ein schwerer Jahresanfang. Und in der Natur sieht's auch traurig aus. Soeben fliegt ein fürchterlicher Heuschreckenschwarm, beinahe kann man sagen, er verfinstert die Sonne. Es ist ein arges Geschrei. Die Leute sagen: „Wir müssen dieses Jahr hungern." Und dazu haben wir jetzt sehr, sehr starken *Harmatan*. Die älteren Brüder sagen, schon seit vielen Jahren sei kein solch starker mehr gewesen. Viele unserer schwarzen Leute werden krank und sterben. Aber Gott ist gnädig, Er wird uns behüten und versorgen.

Nun lebet wohl, Ihr Lieben. Der Herr sei mit Euch und Eurer stets dankbaren, Euch herzlich liebenden Luise.

Liebe, teure Missionsfreunde!

Gott zum Gruß und dem Herrn Jesu zur Freude auch im Heiligen Jahr 1894! Es ist in diesem Jahr schon mehr als ein Monat vergangen, und doch bitte ich Euch herzlich, mir im Geist an das Ende des vorigen Jahres zu folgen und dort noch ein wenig zu verharren. Wie Ihr alle wißt, feiern wir dort ganz am Schluß das lieblichste aller Feste, das fröhliche Weihnachtsfest. Damit auch meine schwarzen Kinder ein fröhliches Christfest feiern dürfen, habt Ihr uns ja so reichlich mit allerhand schönen Sachen erfreut, daß wir nur staunen mußten. Und wir danken Euch von ganzem Herzen für Eure Liebe und wünschen, daß der liebe Gott, der reiche Vergelter, Euch reichlich dafür segnen möge in Zeit und in Ewigkeit.

Es war zum erstenmal, daß ich Weihnachten in Africa feiern durfte. Christtag oder Weihnachten, nur das Hören dieser lieblichen Wörter, macht die Herzen unserer Mädchen hier zu Lande ebenso freudig erregt, wie das bei den Kindern in der Heimat der Fall ist, und die Frage: „Was wird wohl das Christkind bringen?" bewegt auch ihre Herzen und Gemüter. Jedenfalls geben sie ihrer Weihnachtsfreude reichlich Ausdruck dadurch, daß sie entweder morgens oder abends alle ihre gelernten Weihnachtslieder der Reihe nach durchsingen. Verstand ich auch allemal nicht die Worte, so wußte ich doch die Melodien, und das stimmte mich weihnachtlich, wenngleich die Natur nicht zum mindesten dazu angethan war. Mir wurde am diesmaligen Weihnachtsfest das Glück und die Freude mehr als je zuteil, indem ich einer zahlreichen Kinderschar zum hl. Christfest bescheren durfte.

Ich konnte mich selbst bei dieser lieblichen Beschäftigung so ganz vergessen lernen, und meine Gedanken waren nur darauf gerichtet, anderen Freude zu bereiten, und das konnte und durfte ich dank Eurer großen Liebe und Opferwilligkeit, welche uns mit Geschenken aller Art so sehr erfreut hat. Mit diesen schönen Sachen wurden mehr als 100 Kinder hochbeglückt.

Der Heilige Abend mit dem Fest selbst fiel uns auf einen Sonntag. Nach der Vormittagskirche richtete ich mit unseren schwarzen Lehrerinnen das große Schulzimmer. Bänke und Tische wurden zurecht gerückt und die Fensterläden geschlossen, damit kein Unberufener von dem Thun und Treiben sehen konnte. Allerdings konnten die kleinen Mädchen, welche zum erstenmal Weihnachten in der Anstalt erlebten, ihre Neugierde nicht genug zähmen, sie machten's wie all die lieben Kleinen und schauten durch's Schlüsselloch. Die Lehrerinnen gingen mir fleißig zur Hand, und bald lag für jedes einzelne Kind sein Teilchen auf Tischen und Bänken. Keines war vergessen, und es sah sehr nett aus. Nun blieb mir noch übrig, den Lehrerinnen auf einem besonderen Tisch ihre Sächlein zu richten. Und noch etwas hatte ich, eine ganz eigenartige Überraschung, welche Lehrerinnen und Kinder zuvor nie erlebt hatten. Unter den Geschenken waren ja auch einige ältere Sachen und zwar solche, welche für ein einzelnes Kind wenig Wert gehabt hätten. Einige Tage vorher fand ich ein Kistchen und tapezierte es aus mit schönen Musterflecken, die mein Bruder geschickt hatte, und siehe, es gab ein reizendes Puppenstübchen. Dieses räumte ich ein, machte das Herdchen zurecht, that in die Töpfchen ein kleines Gutsle und den Rührlöffel dazu, so konnte gleich „gekocht" werden. Wie freute mich alles so sehr!

Und nun zur Festfeier selbst. Herr und Frau Missionar Irsenhans und ich gingen hinunter. Die Thüren öffneten sich und herein kamen die fröhlich singenden Kinder. Jedem wurde sein Plätzlein angewiesen, und alle setzten sich in stummem Erstaunen davor. Nun war es Herr Irsenhans, welcher das Wort ergriff. Er redete über die Weihnachtsgeschichte, fragend und erklärend , machte den Kinder deutlich, warum ihnen an Weihnachten etwas geschenkt werde und erinnerte sie an die größte und höchste Gabe, welche uns Gott in Seinem lieben Sohn Jesus Christus geschenkt habe, an dessen Geburt wir am Heiligen Abend denken. Herr Irsenhans sagte ihnen auch, woher die schönen Sachen gekommen seien, und die Mädchen sagten, ich solle nach Europa schreiben, sie haben große Freude und lassen herzlich grüßen und vielmals danken. Zum Schluß der Feier sprach unser eingeborener Pfarrer ein Dankgebet. Nun löste sich der Kinder stumme Freude in hellem Jubel, alles wurde gezeigt und bewundert.

Bei dieser Weihnachtsbescherung war es noch heller Tag. Mir fehlte nur ein herrlich duftender Tannenbaum, dessen Lichtschein alles überflutete. Statt diesem sandte uns die liebe Sonne noch kräftige Strahlen, wir bedurften keiner künstlichen Wärme. Das Auge blickte ringsum auf Palmen und andere grüne Bäume, sogar herrliche Rosen schmückten die Zimmer.

Es wurde Abend, und um 7 Uhr erklangen laut und kräftig die Glocken unserer Kapelle, welche alle zur Kirche einluden. Und nicht umsonst. Singend zog unsere Kinderschar zum Gotteshaus, eine große Weihnachtsgemeinde, aus Christen und Heiden bestehend, versammelte sich dort. Ein grüner Blätterbaum mit vielen Lichtlein strahlte im schönen

Glanz und verbreitete ringsum hellen Schein. Es war sehr feierlich, und gewiß haben die Heiden aufs neue gemerkt, daß das Christentum aber doch etwas Großes und Herrliches ist. Im Herzen vieler der fröhlich Heimwandelnden wird das „ewige Licht" eingedrungen sein, ja, das wäre der größte Weihnachtssegen. Nun galt es noch im Missionshaus den Hauskindern zu bescheren und im eigenen trauten Heim Weihnachten zu feiern. Dort hatte die liebe Frau Irsenhans ein reizendes Blätterbäumchen gerichtet, bei dessen Schein und im lieblichen Familienkreis von Geschw. Irsenhans auch die Schreiberin dieses glücklichen Weihnachten feiern durfte.

Jahresschluß und Neujahr sahen mich noch in Odumase, aber es hieß abermals den Wanderstab zu nehmen. In Aburi, unserer Erholungsstation, hatte ich eine schöne Nachfeier. Zum zweitenmal bin ich nun in Abokobi, wo ich wieder seit 27. Januar in meiner Anstalt bin. Mit neuem Mut und neuer Freudigkeit habe ich die Arbeit wiederum aufgenommen und hoffe zuversichtlich zu Gott, Er wird helfen.

Wir alle, ich mit den vielen Kindern, danken Euch nochmals recht herzlich und sagen „Vergelt's Gott viel tausendmal". Ob bekannt oder unbekannt, grüße ich Euch alle und bin

Eure im Herrn verbundene, dankbare Luise Zerweck

Meine Lieben Alle!

In der letzten Woche wurde ich so sehr durch 3 Briefe von Euch Lieben erfreut, daß ich nicht länger mehr warten kann, Euch Allen recht herzlich zu danken für all Eure Liebe. Daß ich Eure schönen Weihnachtsberichte mit großem Interesse gelesen habe, brauche ich wohl kaum zu sagen. Und wie Ihr einander beschenkt habt, ich mußte nur staunen. Und während dem Lesen wollte mich's sehr betrüben, daß ich Euch mit gar nichts erfreuen konnte. Nicht einmal der Kaffee, welcher Euch hätte schmecken sollen, ist angekommen. Und die Moral dieser Geschichte ist, nichts mehr von Africa nach Europa zu senden. Unsere Factory hat wohl keine Schuld, da Bruder Roesler mir sagte, er habe den Kaffee an Euch abgeschickt, was ich auch ganz bestimmt glaube. Geschwister Kölle ging's auch so.

In Aburi war ich mit wärmeren Kleidern versehen, was wegen des *Harmatans* sehr notwendig war. Ich weiß nicht, Ihr seid scheint's meinetwegen immer besorgt und ängstlich. Papa glaubt, ich wolle mich vor der Zeit abarbeiten. Aber Ihr lieben Eltern, man muß doch arbeiten, wenn man in einer solchen Anstalt steht, und außerdem ist's meine größte Lust und Freude. Ich bin ganz glücklich, wenn's morgens allemal an die Arbeit geht, und nach vollbrachtem Tagewerk freue ich mich auch auf die Nachtruhe. Hier in Africa muß man eben auch einige Fiebertage in Kauf nehmen. Aber das ist gewiß, ein starker Wille hilft das Fieber leichter überwinden. Freilich ist es der liebe Gott, der Kräfte und Gesundheit schenkt, Ihm wollen wir dafür von Herzen danken. Also ich befinde mich sehr wohl, nur die Hitze wirkt oft erschlaffend, aber ich kann täglich meinen Pflichten nachkommen. Wie Ihr selbst wißt, muß man bei unseren Schwarzen selbst voran sein und mitmachen, sonst ist's nichts, das ist heutigen Tages noch so. Und Ihr, liebe Eltern, habet's seiner Zeit gewiß nicht anders gemacht. Mich freut's jedes mal, wenn ich mit meiner großen Kinderschar fleißig arbeiten kann und darf. Jetzt geht's auch besser, da ich immer mehr ins GA hineinkomme.

Daß Johannes sehr krank in Kamerun angekommen ist, werdet Ihr erfahren haben. Wie's jetzt geht, weiß ich nicht. In den letzten Wochen geht's an unserer Goldküste besser, ausgenommen Schnupfen und Catarrh, welches Unheil der *Harmatan* verursacht hat. Jetzt hat der strenge *Harmatan* nachgelassen, und wir sehnen uns sehr nach Regen. Es ist alles so furchtbar ausgetrocknet und ganz dürr.

Bis dieser Brief zu Euch kommt, habt Ihr wohl schon erfahren, welches schwere Unglück einige unserer Missionsgeschwister und somit unsere ganze Mission betroffen hat. Mit dem am 10. Januar in Hamburg abgehenden deutschen Dampfer „Adolf Woermann" verließen Geschwister Bohner und Bruder Lauffer, für Kamerun bestimmt, und Frl. Brugger, nach Odumase bestimmt, die Heimat. Die Reise verlief im ganzen gut, mit Ausnahme einiger stürmischer Tage im Golf. Da, am 2. Februar abends gegen 5 Uhr fährt der Dampfer plötzlich auf einen bis dahin unbekannten spitzen Felsen auf, die Maschine macht noch einige Versuche. Der ohnehin altersschwache Dampfer blieb unbeweglich sitzen, und sofort sah der Kapitän, daß hier nur noch Rettung von Menschen möglich sei. Sofort gab er den Befehl, sämtliche Passagiere, darunter auch einige Regierungsherren, in die Rettungsboote zu befördern. Die armen Schiffsbrüchigen konnten nichts als ihr nacktes Leben retten, nur die Post wurde gerettet, und Bruder Bohner konnte noch ein Handkofferle mitschleppen. Aber Frau Bohner und Frl. Brugger konnten keine Kleider mitnehmen als die, welche sie gerade trugen. Und nun fuhren die Rettungsboote an Land, nicht wissend, was für Leute die dortigen Bewohner seien. Zum Glück nun kannte einer der Crooboys Bruder Bohner. Der Crooboy war nämlich einmal in unserer Factory gewesen. Dieser sorgte nun dafür, daß die Schiffbrüchigen wenigstens ein Unterkommen fanden. Wäre dies nicht der Fall gewesen, so wäre es ihnen wohl schlimm ergangen. Die dortigen Croa-Leute leben von Raub und Strandfegen. 6 Tage mußten die Unglücklichen dort sein, dann kam die „Karl Woermann" und brachte sie vollends nach Accra. In den Wellen liegt nun vieles vergraben, alles, was die Leute mitgebracht haben.

Seit letzten Montag sind Geschwister Zürcher wieder hier, sie haben sich ordentlich erholt auf den Bergen. Und heute, Donnerstag, habe ich zum erstenmal bei ihnen gegessen, seither ging's tagtäglich zu meinen lieben Freunden und Wohltätern Geschwister Kölle.

Und wie geht's Euch? Ich wünsche von Herzen, daß der Winter Euch nicht gar zu viel anhaben möge. Was macht die liebe Tante? Jedem von Euch einen Extragruß und herzlichen Dank für die Briefe. Auch Hedwig, wenn sie noch bei Euch ist, grüße ich herzlich. Das Brautbild von ihnen hat mich sehr gefreut. Es steht im guten Rähmchen, damit ich die lieben Gesichter so oft als möglich angucken kann. Ihr alle hängt im Bild vor mir, und im Geist drücke ich Euch herzlich die Hand, grüße und küsse Euch und bin wie immer

Eure Euch dankbar liebende Luise

Luise (links) und ihre Schwester

Meine lieben Eltern und Geschwister!

Es ist heute wieder Sonntag. Und da ich gerade ein wenig Ruhe habe, will ich es nicht unterlassen, mit Euch Lieben ein wenig zu plaudern. Habe in der letzten Woche an jedem Posttag mit großem Verlangen einen Brief von Euch ersehnt, doch die europäische Post brachte allen hiesigen Geschwistern Briefe, nur mir nicht.

Vor einer Stunde etwa kamen die Leute aus der Vormittagskirche. Ich war nicht dort, auch letzten Sonntag nicht. In den letzten 8 Tagen haben wir hier auf der Station Schweres erlebt. Am 3. März, in der Nacht von Samstag auf Sonntag wurde Geschw. Zürcher ein Kindlein geboren. Die Geburt kam schnell und unerwartet. An jenem Samstag Nachmittag half ich Frau Zürcher noch verschiedenes richten, und ich freute mich so recht von Herzen auf den bald zu erwartenden kleinen Gast. Die größte Freude war es mir, das Kindsbettchen zu richten, zu überziehen und dergl., kurz alles, was zu thun ist. Ich war dabei ganz vergnügt und zeigte nun das vollständig hergerichtete kleine Zeug der lieben Frau Zürcher. Sie selbst war sehr froh an meiner Hilfe, denn sie konnte fast nichts mehr thun und überließ mir's gerne. Nach dem Abendessen richteten wir dann vollends alles. Und es war höchst Zeit. Ich ging um 7 Uhr zu Geschw. Kölle, sie zu Hilfe zu rufen. Es wurden Eilboten nach Aburi geschickt, Herrn Doktor zu holen. Es war eine lange Nacht. Nach 10 Uhr besaßen Geschw. Zürcher ein Kind, aber – ein totes Kind. Ihr könnt Euch denken, wir alle waren sehr, sehr betrübt, uns dauerten die armen Eltern, die in kurzer Zeit viel Schweres durchmachen mußten. Erst war Frau Zürcher sehr krank an Gallenfieber in Aburi. Dann starb Frau Bächtle, die Schwester von Bruder Zürcher, und nun wurde ihnen ein totes Kindlein geboren. Nach Ausspruch unseres Arztes, Bruder Fisch, ist das Kind ganz am Schluß des Gallenfiebers gestorben.

In jener Nacht kam Herr Dr. morgens ¾ 3 Uhr. Er kam per Rad und scheute weder Nacht noch schlechten Weg. Als er ankam, war alles vorbei, doch waren wir sehr froh, daß er kam. Geschw. Kölle sind die ganze Nacht dageblieben, auch ich war hier, wir waren alle vollauf beschäftigt. Es war ½ 4 Uhr, als uns Geschw. Kölle verließen, dann richtete ich noch für Dr. Fisch eine Lagerstätte, und ¼ 5 Uhr morgens betrat ich selbst mein Zimmer. Ich ruhte dann noch ein wenig aus und richtete mich für den Sonntag zurecht, zog, wie alle Sonntage, mein weißes Kleid an. Es paßte aber nicht so recht, daheim hätte man ja ein schwarzes Kleid angelegt, aber es war so heiß. Um 9 Uhr saßen wir, Bruder Fisch, Bruder Zürcher und ich still am Kaffeetisch; ich hatte für alle gerichtet. Dann nach dem ersten Läuten zur Kirche bewegte sich ein kleiner Trauerzug zum Kirchhof. Wir begleiteten das Kind zum Gräblein. Bruder Kölle sprach ein Vaterunser, dann kehrten wir wieder ins Haus zurück. Es war ein trauriger, stiller Sonntag für uns. Wir hatten Abendmahlssonntag, aber wir waren zu müde und so in Anspruch genommen, daß wir nicht zur Kirche konnten. Nur Bruder Kölle, welcher das hl. Abendmahl mit dem Pfarrer austeilte, und Bruder Deuber gingen hin.

Heute sind's nun 8 Tage. Wie oft und viel haben wir in diesen Tagen davon gesprochen. Wie dankbar sind wir, daß es Frau Zürcher trotz allem Schweren so ordentlich geht. Wir dürfen dem lieben Gott für diese gnädige Durchhilfe recht dankbar sein. Er hat so ganz gezeigt, daß Er der Herr über Leben und Tod ist, daß er geben und nehmen kann.

Und nun Geschw. Schneider in Ada. Frau Schneider reiste im April vorigen Jahres als Braut mit uns heraus. Sie erhielten im Januar ein Kindchen. Mutter und Kind befanden sich wohl. Da - gleich in den ersten Tagen bekommt das Kind Fieber, und am 6. Tag nimmt der Herr diese Freude der Eltern wieder zu sich. Ja, wie viel Not und Trauer sind in der letzten Zeit in unseren Geschwisterkreis eingekehrt. Das Kind von Geschw. Zürcher liegt unmittelbar unter dem Kind von Geschw. Kölle, d.h. zu dessen Füßchen. Geschw. Kölle hatten ja im Januar vorigen Jahres auch ein totgeborenes Kind. So haben also hier 2 Familien ihr erstes Kind gleich dem Herrn zurückgeben müssen.

Ich habe mich in den letzten Wochen in verschiedenen nützlichen Dingen üben können, in Krankenpflege und Haushaltsgeschäften. Meine Schule mußte ich vernachlässigen, doch wenn Frau Zürcher wieder gesund ist, kann ich wieder ganz meiner Anstalts- und Schularbeit vorstehen. Ich habe nun auch Einsicht in ein afrikanisches Hauswesen erhalten und selbst Hausfrauenarbeit gethan. Habe nämlich an Stelle von Frau Zürcher mit dem Koch verhandelt etc. Es gab viel zu thun und zu gehen, doch geht's mir ganz gut. Da zu helfen und beizustehen, wo es gerade am nötigsten ist, ist meine größte Freude.

Ja, so ist's gegenwärtig bei uns in Africa. Es war gleich ein ganz merkwürdiger, schwerer Jahresanfang. Doch der Herr sitzt im Regiment, Ihm wollen wir auch fernerhin vertrauen. Wenn Gott nur auch unsere Bitte um Regen bald gnädig erhört. Wir haben in wenigen Tagen nämlich große Wassersnot, falls kein Regen fällt. Neulich haben wir unsere Anstaltskinder an den Bach nach Wasser geschickt. Es hat lange gebraucht, bis sie gekommen sind, und als sie kamen, welches Wasser haben sie gebracht! Ich will's Euch gar nicht beschreiben. Kurz und gut, man hatte ganz genug davon vom Ansehen. Unsere *tin* sind beinahe leer. Und denkt Euch, als vor einigen Tagen Geschw. Kölle aus ihrem letzten *tin* Wasser herausließen, da schäumte es wie neuer Most oder Bier; das Wasser stinkt förmlich und ist völlig untrinkbar. Zudem ist's gegenwärtig sehr heiß. Ein heißer, trockener Wind weht, und große Hitze strahlt von der Erde aus. Nach dieser regenlosen Zeit und dem sehr starken *Harmatan* ist die ausstrahlende Hitze der Erde größer als die der Sonne. Der Sand brennt fürchterlich, man spürt's durch die Schuhe, und unsere Schwarzen mit ihren bloßen Füßen können oft kaum noch gehen. In der Kirche wurde auch schon um Regen gebetet. Wir haben ja März, und die Regenzeit dürfte jetzt beginnen. Neulich waren 2 mal wieder eine solche Menge Heuschrecken da, daß es am hellen Mittag dunkelte. Ich hätte mir so etwas nie denken können. Es war wie eine dichte, schwere Wolke.

Im Januar und Februar wurden die Dächer der beiden Missionshäuser und der Anstalt erst mit Theer, dann mit Kalk angestrichen. Jetzt sind sie wieder schön weiß, aber man kann fast nicht hinschauen, so blendet die Sonne, wenn sie darauf scheint.

Nun habe ich Euch wieder viel geschrieben und frage nach, wie geht's Euch, Ihr Lieben? Dir, lieber Papa, wünsche ich viel Kraft und Geduld. Du hast wieder die schönen Konfirmationsstunden, der liebe Gott segne alles und jedes Deiner Worte in den Kinderherzen.

In herzlicher Liebe mit vielen Grüßen und Küssen

Eure dankbare Luise.

Der lieben Mama!

Meine liebe Mama!

Möchte noch gerne einige Worte für Dich, Du liebes Mutterle, beifügen. Habe ja im großen Brief einiges über die Geburt des Kindleins geschrieben, hier nun noch einiges Nähere.

Es war die erste Geburt, bei der ich zugegen war. Es kam dies so schnell und unerwartet für mich, ich hatte vorher gar nicht daran gedacht, dabei sein zu müssen. Geschwister Zürcher wünschten, ich möchte dableiben. Ich that's natürlich gerne, wußte ich doch, daß ich wohl manches helfen werden könne. Ach, daß die Vermehrung der Menschen auf solch eine Weise vor sich gehen muß, so menschlich und fleischlich! Was Du, liebe Mama, ausgestanden hast, bis Du 7 Kindern das Leben geschenkt hast, das ist ja nicht zu sagen! Und wir können Dir's nie genug danken, wir können Dir's nie vergelten. Aber gewiß dankbar wollen wir alle sein, Euch, Ihr lieben Eltern, von Herzensgrund lieben und danken und uns befleißen, Euch Freude zu machen. Und wenn dann eine Mutter nach all den Schmerzen erst kein Kindlein ihr eigen nennen darf, es nicht herzen und küssen darf, das ist doch zu schwer. Denke, liebe Mama, Frau Zürcher bekam sehr starke Wehen, daß Frau Kölle für sie fürchtete. Es brauchte ziemlich lange, bis das Köpfchen da war, und als wir das sahen, erschraken wir. Eine sehr starke Wehe brachte dann das Kindlein vollends. Wir glaubten anfangs, das Kind sei sehr, sehr schwach und klein. Als aber das Körperchen so verschoben und leblos kam, da wußten wir, wie es stand. Ich mußte bei diesem Anblick weinen, ich konnte nicht helfen, die hellen Thränen stürzten mir aus den Augen. Nachher wurde das Kind zurechtgemacht, und es war ein ganz vollständiges Kind, nur völlig leblos. Die Mutter durfte ihr Kindchen gar nicht sehen. Wir hatten nachher dann vollauf mit ihr zu thun, da sie einen sehr großen Blutverlust hatte. Nach Ausspruch des Arztes soll das Kind schon 6 Wochen im Mutterleib tot gewesen sein. Wie dankbar dürfen wir da sein, daß es Frau Zürcher so ordentlich geht. Und wenn Gott Gnade giebt, so dürfen Geschwister Kölle bald ein Kind haben. Frau Kölle wird in wenigen Wochen ins Wochenbett kommen. Es geht ihr gegenwärtig gar nicht gut. Wenn nur der liebe Gott die lieben Geschwister und uns alle erfreut! Es ist dann ihr 2. Kind, das erste ist tot geboren. Es ist meine tägliche Bitte zum Herrn, daß er gnädig hindurch helfe.

Nun, liebes Mutterle, sei in dankbarer Liebe herzlich gegrüßt und geküsst

von Deiner Luise

Meine Lieben Alle!

Ihr habt mir eben wieder große Freude mit Eurem lieben Brief gemacht, Ihr lieben Eltern, und ich danke Euch vielmals herzlich dafür. Nachrichten verschiedener Art habe ich erhalten, doch eine bewegt am meisten mein Herz. Du, lieber Papa, bist krank und leidest an Rachenkatarrh und starkem Husten. Ich habe mich über diese Nachricht sehr betrübt, denn Du hast ja so viel Arbeit, daß Du Deine Stimme kaum schonen kannst. Zumal jetzt bei den Confimandenstunden und Ostern. Wie geht's Dir wohl jetzt? Wäre es nicht besser, Du würdest Dir einen Vikar nehmen? Bitte, schone Dich. damit es bald besser wird.

Den 27. März

Heute will ich fortfahren. Daß Ihr den Kaffee nun doch noch erhalten habt, freut mich sehr. Meinen Weihnachtsbericht habt Ihr unterdessen auch erhalten, der wird Euch gemeldet haben, welche unsagbare Freude Eure Weihnachtssendung gemacht hat.

Ja, unser Wiedersehen in Akropong (mit Johannes und Jakobine) war sehr schön; ich denke mit vieler Freude daran zurück. Nicht so oft als ich wünschte, schreibe ich nach Kamerun. Die Zeit zum Briefeschreiben ist bei mir eben sehr kurz bemessen. Doch weiß ich, daß es Jakobine und Johannes jetzt wieder gut geht. Es freut mich, daß sie dort sind, so sind wir wenigstens im gleichen Land, obwohl sehr weit entfernt.

Das Buch von Maria habe ich erhalten und mit bestem Dank mir angeeignet. Habe es mit großer Wißbegierde schon gelesen und bin am Ende.

Die Fleißkärtchen brachte mir Johannes auch; er hat also seine Aufträge gut besorgt, und ich danke Euch herzlich dafür. Auf den Kärtchen steht ein Bibelspruch, und den Kindern macht's große Freude, wenn ich einem ein solches zur Belohnung verehre. Überhaupt sind die Kinder hier sehr große Bilder- und Spielfreunde. Nichts thun sie lieber, als in meinem Zimmer Bilder ansehen, und da ich nur wenige habe, so sehen sie immer wieder dieselben an. Und wenn ich einmal mit ihnen spiele, da sind sie sehr erfreut. Sie kommen oft zu mir. Leider ist mein Zimmer zu klein, um alle aufzunehmen. Bei Tag gehen wir dann auf die Veranda, aber abends ist's zu dunkel. Wenn ich abends manchmal bei ihnen im Schulzimmer bleibe, das erfreut sie am meisten. Da sind sie ordentlich still, und wir sprechen von verschiedenen Dingen, welche ich von ihnen in GA lerne. Und am Karfreitag habe ich bei ihnen meine erste Abendandacht gehalten, wie mich das freute! Die Kinder sagten, sie hätten mich verstanden, obwohl ich natürlich noch sehr schlecht ausspreche. Ich hoffe, mit Gottes Hilfe bald weiter kommen zu dürfen.

Jetzt liegt wieder die Karwoche hinter uns. Wie alle Tage in der Karwoche waren wir abends 7 Uhr in der Kirche, morgens hatten wir Schule, nachmittags wurde geputzt. Am Karfreitag predigte Bruder Kölle, was mir eine große Freude war. Habe vieles verstanden, denn er spricht langsam und deutlich, während Pfarrer Saba sehr schnell spricht. Das Osterfest habe ich mit meinen Kindern sehr vergnügt gefeiert. Nach der Vormittagskirche ging ich mit den Lehrerinnen ins große Schulzimmer. Ich hatte für jedes Kind ein Bildchen, darauf hatte ich hinten den Namen geschrieben. Ebenso gab ich jedem ein Water-Bisquit. Das legte ich mit den Lehrerinnen an verschiedenen Orten herum, wir daheim sagen, man versteckt's, nur kann man hier im Schulzimmer nicht gut verstecken. Dann ließ ich die Kinder kommen und suchen, und jedes war sehr erfreut. Meine Lehrerinnen durften nachher auf mein Zimmer kommen, auch sie bekamen eine Kleinigkeit, ebenso meine beiden Mädchen, und alle waren sehr erfreut und dankbar. Nach der Nachmittagskirche lud ich Geschwister Kölle und Geschwister Zürcher und Bruder Deuber zu mir ein. Mein Zimmerchen war ganz besetzt. Wir sprachen, erzählten und lachten. Zum Schluß durften sie Osterhasen suchen. Ich hatte nämlich jedem ein Päcklein versteckt; es war nur eine Kleinigkeit, aber es machte allen viel Spaß und Freude. So kann man sich durch kleine, unscheinbare Dinge das Leben verschönern.

Ich gehe gerne zu Geschw. Kölle hinüber, sie sind so herzlich lieb gegen mich und stehen mir in äußerlichen und innerlichen Dingen mit Rat und That liebreich zur Seite. Ich darf stets mit allem zu ihnen hinüber kommen, dann wird gesprochen und beraten. Sie müssen spätestens nächstes Frühjahr zur Erholung heim, dann werdet Ihr sie auch kennen und lieben lernen.

Liebe Mama, Du meinst, ich wäre besser in Odumase geblieben, Nun, Ihr müßt wissen, das kommt eben ganz auf die jeweiligen Verhältnisse an. Ich bin gerne wieder hierher gekommen; denn hier liegt ein großes und weites Arbeitsfeld vor mir, und ich schätze mich glücklich, hier arbeiten zu dürfen. Ich hoffe zu Gott, daß Er auch meine geringe Arbeit segnen wird; Er wird mich und alle Kinder segnen, damit etwas ausgerichtet werden kann zu Seines Namens Ehre.

Morgen ist's ein Jahr, daß ich in aller Frühe von Euch fortgegangen bin, begleitet von Immanuel und Johannes. Und bald ist's 1 Jahr, daß ich Africas Boden betreten habe. So geht die Zeit dahin und mit ihr unser Leben. Nathanael ist jetzt wohl in Tiflis. Ich weiß nichts von ihm. Darf ich seinen Reisebericht auch lesen, wenn Ihr ihn entbehren könnt?

Der lieben Tante und allen, welche nach mir fragen, viele herzliche Grüße. Bemerken will ich noch, daß es zu unser aller Freude in der letzten Nacht stark geregnet hat.

Lebt wohl! In herzlicher Liebe mit Gruß und Kuß

Eure dankbare Luise

Abokobi, den 1. April 1894

Meine liebe Lydia!

Am heutigen Sonntag gilt Dir, mein liebes Schwesterlein, mein erster Gruß. Ich sage Dir im Geist einen recht herzlichen „Guten Morgen" und hoffe, daß Du die Nacht gut verschlafen und am Morgen gesund und fröhlich aufstehen durftest.

Ich sitze vor unserem Bild und sehe Euch alle an und frage mich, ob es möglich ist, daß unsere Kleinste dieses Jahr schon konfirmiert werden soll. Ja, es ist freilich so, daß Du in kurzer Zeit vor dem Altar stehen wirst. Du schreibst mir in Deinem letzten Brief, am 15. April schlage Deine Erlösungsstunde von der Schule. Ja, ich glaube schon, daß Du Dich freust, wenn Du nicht mehr auf der Schulbank sitzen mußt. Aber weißt Du, hinterdrein fängt das Lernen erst recht an. Jetzt gehst Du noch in den Konfirmationsunterricht. Hast Du auch recht auf alles gemerkt, was der liebe Papa Euch sagte? Ich denke noch mit großer Freude an die schönen Stunden zurück, welche der liebe Papa uns gab.

Also heute in 14 Tagen geht nebst manchen anderen eine große, blonde, schwarzgekleidete Konfirmandin zur Kirche, begleitet von den lieben Eltern und Geschwistern, begleitet auch von den Gebeten und Segenswünschen der fernen Geschwister. Es ist unsere liebe Lydia, welche ich dann im Geist unter ihren Schulgenossinnen dasitzen sehe. Sie sieht ernst und feierlich aus, denn obwohl noch nicht 14 Jahre alt, weiß und versteht sie doch, was sie an diesem festlichen Tag thut, sagt und verspricht. Nichtwahr, liebe Lydia, Du versprichst an diesem Tag, Deinem Konfirmationstag, dem Herrn Jesu zu leben, zu leiden und zu sterben. Hast Du's auch schon recht bedacht, daß Du Ihm Treue gelobst Dein Leben lang! Ich denke sehr oft und viel an Dich und bete für Dich, daß der liebe Gott Dich segnen und zu Seinem Eigentum machen möge. Acht Tage später darfst Du dann zum erstenmal zum heiligen Abendmahl gehen, möge es ein gesegneter Gang für Dich und alle sein. Nehme es Dir doch recht ernstlich vor, <u>ganz</u> dem Herrn Jesu zu dienen, aber lasse es nicht nur beim guten Vorsatz, sondern mache es auch wirklich zur That. Mein Brief kommt erst zu Dir, wenn Ihr schon ein fröhliches Konfirmationsfest gefeiert habt. Deine Luise kann eben nicht immer thun, wie sie gern möchte, sonst hätte sie schon längst einen Brief an Dich geschrieben.

Und weißt Du auch, daß nach Deiner Konfirmation mehr oder weniger ein anderes Leben für Dich beginnt. Du gehörst dann schon mehr zu den Erwachsenen und wirst Dich noch in verschiedenen nützlichen Dingen ausbilden. Und natürlich wirst Du der lieben Mama eine tüchtige Hilfe werden, ihr in allem zur Hand gehen und treulich helfen. So werden die lieben Eltern eine große Freude an Dir haben.

Grüße alle, die lieben Eltern, Tante, Maria, Immanuel, Theophil recht herzlich von mir. Schreibe mir auch bald wieder; ich kann's kaum erwarten, bis ich allemal einen Brief von Euch erhalte.

Von ganzem Herzen wünsche ich Euch einen schönen Festtag und grüße und küsse Dich

Deine Dich treuliebende Luise.

Meine lieben Eltern und Geschwister!

Länger als sonst erhaltet Ihr diesmal keine Nachricht. Doch hat Euch meine letzte Karte ein Lebenszeichen von mir gebracht, und Ihr wißt den Grund meines längeren Stillschweigens.

Zwei liebe Briefe von Euch liegen vor mir, und ich danke Euch recht herzlich. Es freut mich so sehr, daß es Euch, Ihr Lieben, gut geht und daß für Dich, lieber Papa, die anstrengende Oster- und Konfirmationszeit vorüber ist. Der liebe Gott hat Dir Kraft geschenkt; wir wollen hoffen, daß Er's auch ferner thun wird.

Euer erster Brief enthält Besorgnis mancherlei Art, besonders Theophils wegen. Ich kann nicht sagen, wie sehr es mich betrübt hat, solches über ihn hören zu müssen. Es schnitt mir ins tiefste Herz und hat mir zu leid gethan. Ich kann nichts weiter thun, als für ihn zu beten und bitten; geschrieben habe ich ihm schon einmal besonders, er hat mir nie darauf geantwortet. Möge der liebe Gott auch in dieser Sache Euch, Ihr lieben Eltern, den rechten Weg zeigen und alles zum Besten kehren. Nur eines möchte ich noch sagen. Theophil hatte ja nie große Lust und eifrigen Fleiß zum oder im Studium gezeigt, wäre es nicht besser für ihn, etwas anderes zu ergreifen? „Handwerk hat einen güldenen Boden", und meiner Ansicht nach ist es keine Schande, sich eine andere Laufbahn als das Studium zu wählen. Es kommt ja nicht darauf an, <u>was</u> einer ist, sondern <u>wie</u> er es ist, wenn einer nur treu und fleißig ist in dem Beruf, welchen er gewählt und der ihm von Gott zugewiesen ist. Ich hoffe und wünsche, Ihr findet mit Gottes Hilfe das Rechte; der Herr schenke es Euch, was für unseren jüngsten Bruder gut ist. Ich grüße Theophil recht herzlich, und meine Bitte, welche ich ihm sagen würde, wenn ich ihm persönlich in die Augen sehen könnte, wird er selbst erraten.

Die liebe Tante ist scheints nie recht gesund. Hat bei diesem Leiden der wiedererwachte holde Frühling seinen wohlthätigen Einfluß versagt? Liebe Tante! Der Herr schenke Dir Geduld und Kraft, dieses Leiden zu tragen, und wenn's Sein Wille ist, schenke Er Dir auch wieder gute Zeit und erhalte Dich uns noch lange.

Ein Ausdruck in Deinem lieben Brief, lieber Papa, hat mich ganz merkwürdig berührt, und wie oft muß ich jetzt daran denken. „Wahrlich, Du bist ein verborgener und wunderbarer Gott! Ja gewiß, Herr, Deine Wege sind unerforschlich." Das mußten auch wir in den letzten Wochen erfahren. Das Herz blutet mir, und Thränen stürzen aus meinen Augen, wenn ich all des Traurigen, das in den letzten Wochen über uns, besonders über den armen Bruder Kölle, hereingebrochen ist, gedenke. Längst hat der Telegraph die schmerzliche Kunde vom Heimgang unserer lieben, teuren Frau Kölle in der Heimat gemeldet, und ich kann Euch Lieben dieselbe nur bestätigen. Heute sind's 14 Tage, daß wir sie in Africas Erde gebettet haben. Wieder wurde ein Saatkorn in diese Erde gesenkt, um hier zu ruhen bis zum fröhlichen Auferstehungsmorgen. Was mir die liebe Lina Kölle hier in Africa gewesen ist, was ich an ihr verloren habe, kann ich Euch nicht sagen. Sie sorgte für mich wie ein liebes, treues Mütterlein, ihr durfte ich mit allem kommen, stets war sie gut und freundlich und zum Raten und Helfen bereit. Kein Wunder, daß ich mich sehr eng an sie anschloß, und jetzt?

Der arme Bruder Kölle steht mit seinem Kindchen allein und verlassen da, aber nicht nur er, wir alle haben an der lieben Heimgegangenen sehr, sehr viel verloren. Das verlassene Haus sieht so öd und kalt einen an, ach, es ist zu traurig!

Ihr hört gewiß gerne einiges aus der letzten Zeit der lieben Heimgegangenen. Von der glücklichen Geburt des kleinen, reizenden Töchterleins habe ich Euch schon geschrieben. Das machte seine Aufwartung Dienstag, den 24. April. Damals kehrte große Freude ein, welche alles Schwere vergessen machte. Frau Kölle ging's in den ersten 2 Tagen ganz ordentlich, nur war sie sehr aufgeregt und konnte wenig Schlaf finden. Donnerstags mittags wurde sie von heftigen Krämpfen befallen, welche nach einigen Stunden aufhörten, aber die Kranke war sehr schwach. In den nächsten Tagen ging's einigermaßen, nur hatte sie viele Schmerzen. Auch im Bein, in welchem sie voriges Jahr Venenentzündung gehabt hatte, stellten sich wieder Schmerzen ein. Daßelbe wurde hochgelagert und massiert. Anfangs der 2. Woche ging's ordentlich. Mittwoch ging Bruder Zürcher auf die Reise. Am Donnerstag wurde Frau Zürcher fieberisch und mußte sich legen. Als Bruder Zürcher am Samstag abend heimkehrte, fand er seine Frau im Bett. So hatte ich in diesen Tagen hier und drüben zu helfen und zu pflegen. Ich that alles so gerne und war dankbar, daß ich gesund blieb. Das Kindchen zu baden etc. war jetzt meine Pflicht, ja meine liebste Pflicht. In der Nacht von Freitag auf Samstag bekam Frau Kölle einen sehr starken Schüttelfrost, dem große Hitze folgte. Als ich Samstagmorgen hinüber kam, sagte sie zu mir: „Ich hatte nicht geglaubt, dich heute morgen noch einmal sehen zu dürfen." An freien Tagen, wie samstags und sonntags war ich mittags immer drüben, um Bruder Kölle abzulösen, der in der Nacht fast zu keiner Ruhe kam. Am folgenden Montagmorgen kam ein Hausmädchen von drüben herüber, mich zu holen. Ich eile hinüber und höre schon unten ein lautes Jammern. Es will mir ganz angst werden. Ins Schlafzimmer gekommen, sagt die liebe Frau Kölle unter Thränen zu mir: „Jetzt habe ich Venenentzündung". Ach, das war schrecklich." Diese Schmerzen, es war fast nicht zum Ansehen! Das andere Bein, nicht das gleiche wie voriges Jahr, war schon sehr stark angeschwollen. Bruder Kölle schrieb an Dr. Fisch, welcher dann auch gegen 11 Uhr vormittags mit seinem Rad erschien. In den nächsten Nächten wachten wir abwechslungsweise. Dienstag vormittags war ich gerade in der Stunde. Da kommt wieder ein Mädchen und bittet mich, so schnell als möglich zu kommen. Drüben finde ich Bruder Kölle und Geschwister Zürcher am Bett der lieben Frau Kölle. Man glaubte, es gehe zu Ende. Wir genossen zusammen das heilige Abendmahl, das Bruder Kölle selbst austeilte. Ach, wie ernst und feierlich war's an diesem Krankenbett, das vielleicht schon bald zum Sterbebett werden konnte. Doch der Herr sah gnädig darein. Gegen Mittag wurde es wieder besser. Da richtete die liebe Kranke noch so liebe, herzliche Worte an uns. Unvergeßlich sind mir ihre Worte, die sie mittags zu mir sagte: „Luise, laß dich's nur nie reuen, daß du nach Africa gegangen bist. Ach, es ist so schön, dem Herrn zu dienen." Zu unserer großen Freude ging's der lieben Kranken in den folgenden Tagen ordentlich, nur war sie sehr schwach. Donnerstags kamen Geschwister Fisch mit ihren 3 Kindern auf der Reise nach Accra hier durch. Frau Kölle sah die Gäste und hatte namentlich an den Kindern große Freude. Wir alle waren munterer, denn wir durften doch wieder hoffen, wenn auch mit Bangen. Am Nachmittag dieses Tages kam ich wie sonst hinüber. Da baten mich Geschwister Kölle, Patin ihres

Kindleins zu werden. Wie gerne sagte ich zu! War das Kindchen doch schon von der ersten Stunde seines Lebens mir ans Herz gewachsen. Noch höre ich, wie die liebe Frau Kölle nachher zu mir sagte: „Luise, du hast jetzt ein doppeltes Recht an das Kindchen." Und ich bat den lieben Gott, mich eine rechte Patin des Kindleins sein und werden zu lassen. Samstag Vormittag, nachdem alles gerichtet war, saßen wir um das Bett der lieben Kranken und tranken ein Gläschen Wein auf ihr Wohl. Wir waren freudig, und die Kranke selbst sagte: „Es ist doch schön, wenn man noch ein wenig dableiben darf." Später frug sie mich, was es heute sei. Nachdem ich sagte „Samstag", sprach sie: Nichtwahr, den widmest mir und liest mir wieder vor". Von Herzen gerne versprach ich dies und sagte, mittags wolle ich das Blatt mitbringen; wir hatten nämlich eine Geschichte angefangen zu lesen. Mittags nach 2 Uhr kam ich dann auch wieder mit meinem Blatt in der Hand. Bruder Kölle sagte mir, seine Frau habe sehr starkes Fieber. Ja, ich erschrak, als ich zu ihr kam, sie glühte förmlich. Sie erkannte mich, als ich an ihr Bett trat und winkte mir freundlich zu, auch nannte sie mich noch einige Mal mit meinem Namen. Das Fieber war furchtbar stark. Flehentlich bat sie, man möchte sie doch herauslassen. Wir hatten große Mühe, sie ordentlich im Bett zu halten. Es war Samstag, der Tag vor dem Geburtstag von Frau Kölle. Wie hatten wir uns so sehr auf diesen Tag gefreut: es sollte ein doppelter Festtag werden: Geburtstag und Tauffest. Doch noch zuletzt sollte die Taufe 8 Tage später stattfinden, da der Pate, Bruder Binhamer, an diesem Tag nicht kommen konnte.

Später richtete ich dann das Kindchen und gab ihm sein Schöppchen am Fußende des Krankenlagers seines Mütterchens. Während ich noch damit beschäftigt bin, ändert sich der Zustand der Kranken. Wir sahen uns bange fragend an, Bruder Kölle stand auf der einen, ich an der anderen Seite des Bettes. Es wurde immer bedenklicher, daß wir zu fürchten anfingen. Ich schickte nach Geschwister Zürcher, und als sie kamen, war die liebe Frau Kölle nicht mehr bei Bewußtsein. Sie erkannte niemand mehr, hörte auch nicht, was gesprochen wurde. Der Atem ging langsamer und langsamer, und abends 5 ¾ Uhr hatte das arme, müde Herz für immer aufgehört zu schlagen. Wir standen weinend um das Sterbebett. Ach, dieser Schmerz des armen Bruder Kölle ist furchtbar groß. Er steht jetzt allein da mit seinem Kindchen.

Wir haben dann der lieben Entschlafenen die letzte Liebe erwiesen und sie schön weiß gebettet. Am Pfingstfestmorgen kamen viele Besuche; es gab viel zu thun, und dies war eigentlich ein Glück. Bruder Zürcher hielt die Trauerrede im Haus. Nach derselben fand die Taufe des Kindchens statt, welche Bruder Kölle selbst abhielt. Am Sarge des Mütterleins wurde ich die Patin des Kindleins. Wie traurig und wehmütig dies war, ist nicht zu sagen. Der Sarg wurde dann in die Kirche gebracht, wo unser Pfarrer etwas sprach. Gebet und Einsegnung hatte Bruder Zürcher auf dem Friedhof. Wir verließen das stille Grab, aber wir wissen, daß sie ihren Geburtstag im Himmel hat feiern dürfen. Sie ist selig heimgegangen. Der Herr tröste den trauernden Gatten und die lieben Angehörigen reichlich! Wie werden der alte Vater und die Schwester so betrübt sein!

Mit vielen herzlichen Grüßen an Euch alle

Eure stets dankbare Luise.

Meine Lieben Alle!

Es ist wieder einmal Sonntag, Sonnentag für Leib, Seele und Geist. Ich bin allein im Hause mit dem lieben Kindchen, welches jetzt seinen Morgenschlaf hält. Frau Zürcher ist zur Kirche gegangen, und die Brüder Kölle und Zürcher sind schon länger auf Reisen im GA-Busch, den Leuten das Evangelium zu verkündigen. Möge der Herr ihre Arbeit reichlich segnen!

Wir wechseln jetzt regelmäßig ab mit dem Kirchgang: einen Sonntag geht Frau Zürcher, den anderen ich. Heute ist das Daheimbleiben bei mir, und ich nutze die Ruhe und Stille, mich im Geist ein wenig zu Euch Lieben zu versetzen. Wie geht es Dir, lieber Papa? Ist Pfarrbericht und Dekanatsvisitation jetzt beendigt? Berichte zu machen, ist gerade nicht immer erfreulich, um so mehr, wenn man fast keine Zeit hat. Ich habe vor etwa 10 Tagen auch einen Bericht abgegeben, meinen längst schuldigen vom ersten Vierteljahr 1894. Habe mir diesmal sogar 2 Bitten an unser verehrliches Komitee erlaubt, das Wohl der hiesigen Mädchenanstalt, an der ich arbeiten darf, betreffend. Bin sehr begierig, ob sie genehmigt werden.

Gestern war Jakobinen's Geburtstag. Habe ihr geschrieben, aber sie erhalten die Briefe sehr lange nicht. Die Briefe sind oft 2-3 Wochen unterwegs. Daß sie Euch Kaffee schicken, wußte ich, ich wollte auch mitthun, aber das haben die beiden nicht gelitten. Sie wollten alleine schenken, und ich mußte eben leer ausgehen. Es freut mich, daß Ihr nun afrikanischen Kaffee habt, und ich denke, solange wir hier sind, sollte es Euch daran nicht fehlen. Wie steht's mit dem Zoll? Kommt er sehr hoch?

Daß es Nathanael gut geht, freut mich sehr. Wir sind zu weit entfernt, und Ihr müßt lange, lange warten, bis Ihr endlich einmal wieder etwas von ihm zu hören bekommt. Kann er eigentlich nur telegraphieren, oder kommen die Briefe nicht an? Wir wollen geduldig hoffen und warten. So Gott Leben und Gesundheit schenkt, so kommt er einmal wieder zurück. Und welche Freude wird das sein, wenn sich Persier und Afrikaner wieder im Elternhaus einfinden!

Montag, den 4. Juni sind in Accra gelandet: Geschwister Weiß, Geschwister Duisberg, Frl. Kunz, Bruder Schweizer. Wieder neue Geschwister mit frischer Kraft sind von daheim hier angekommen. Es freut mich so sehr, daß wir wieder eine neue Schwester bekommen haben. Letzten Donnerstag kam sie und blieb bis gestern Mittag hier; sie hat bei mir gewohnt, und ich freute mich sehr, sie kennen und lieben zu lernen. Wir sind jetzt 4 Fräuleins auf der Goldküste. Das ist scheints noch nie dagewesen. Schade, daß wir nichts voneinander haben, als höchstens in den Ferien.

Ja, wir stehen jetzt wieder vor den Juli-Ferien. Einesteils freue ich mich darauf, andernteils auch nicht. Wir sind in unserer Schule und unserem Anstaltsleben jetzt so schön im Geleise, alles ist im Blei, fast ist's schade, eine Unterbrechung zu machen, nachher braucht's wieder mehrere Wochen, bis alles im Gang und in Ordnung ist. Voriges Jahr brachte ich die Juliferien hier zu, diesmal aber werde ich mich auf Aburis schöne Berge begeben, um dort oben frische, freie Bergesluft einzuatmen. Geschwister Fisch haben mich sehr freundlich eingeladen. Ich werde dann mit Frl. Kunz zusammen sein, was sehr verlockend ist.

Mein liebes, kleines Patchen gedeiht prächtig. Aber das Haus drüben erkennt man nicht mehr; es ist öde, leer, verlassen, tot. Die Stätte süßen Familienlebens, großer Freude, herrlichen Friedens, treuer Liebe ist vollständig ausgestorben. Bruder Kölle hat alles ausgeräumt und teils verpackt. Sein Schmerz und seine Trauer sind sehr groß. Mein Leben hat sich ein wenig anders gestaltet, seit das liebe Kindchen bei uns hier im Haus ist. Ich habe nun nicht nur Aufgaben und Pflichten für die Schule, sondern auch herrliche Pflichten für ein liebes Kind. Ach, der liebe Gott erhalte das Kindchen gesund seinem lieben Vater und uns allen zum Trost und großen Freude. Das stille Grab ist sehr oft das Ziel meiner Wanderung, das ich nach des Tages Arbeit aufsuche.

An alle viele herzliche Grüße. In inniger Liebe mit herzlichem Gruß und Kuß

Eure dankbare Luise.

Meine Lieben Alle!

Seit ich Euch vor 14 Tagen geschrieben, habe ich nichts mehr von Euch gehört.(...) Bei uns geht alles so ziemlich gleichförmig weiter. Doch eine Veränderung hat sich ergeben. Mittwoch, 12. Juni kamen die Geschwister Weiß hierher. Sie waren für Odumase bestimmt, da aber hier nur eine Familie ist, so hat der Ausschuß sie hier in Abokobi gelassen. In Abokobi ist doch vieles, und Bruder Kölle wird in kurzem heimgehen. Wie kann sich doch alles in einem Lauf von einem Jahr ändern, und was hat sich doch schon alles geändert in der kurzen Zeit, welche ich in Africa bin! Die Erlebnisse der letzten Zeit sind mir oft noch wie ein Traum. (...)

Geschwister Weiß kennt Ihr ja. Frau Weiß hat mir erzählt, daß Du, liebe Mama, seiner Zeit das Hochzeitsmahl für sie gerichtet habest. Zum 4. Mal bin ich nun mit Missionsgeschwistern zusammengetroffen, welche mich als kleines Kind gekannt hatten. Geschwister Weiß bewohnen jetzt das Haus drüben, wo noch vor kurzem Geschwister Kölle ein- und ausgegangen sind. Sie sind sehr freundlich und lieb, aber es ist doch recht wehmütig. Seit gestern haben sie eigene Haushaltung angefangen, vorher kamen sie zu Geschwister Zürcher an den Tisch. Einige Zeit waren wir viele Leute hier bei Tisch, besonders, wenn Gäste da waren, und das kommt in Abokobi oft vor. (...)

Es ist ein ganz merkwürdiges Jahr, dieses Jahr 1894. Es hat viele Krankheit und Not mitgebracht, Trauer und Schmerz unter den Missionsgeschwistern. Dazu kam im Anfang Wassermangel und die Heuschreckenplage. Denkt Euch, die Heuschrecken sind mehrmals in großen, großen Scharen gekommen und haben alles, was sie fanden, abgefressen. Die schönsten Kornfelder haben sie zerstört, sogar an die Kokospalmen sind sie gegangen. Die Leute jammern oft sehr. Unsere Factory hat Korn bestellt.

Am 6. Juli ist der Dampfer fällig, mit welchem Bruder Kölle mit seinem Kindchen heimfahren will.(...) Die Trennung von meinem lieben Patenkind wird mir sehr schwer. Der liebe Gott möge die Reisenden schützen und sie glücklich heimbringen.

Mir geht's gut, von Fieber habe ich nicht viel zu leiden.

Euch Lieben allen herzlichen Gruß und Kuß von

Eurer dankbaren Luise

Meine lieben Geschwister Theophil und Lydia!

Wenn dieser Brief in Eure Hände kommt, dann ist wieder der 22. Juli oder ist er vielleicht schon gewesen. Der 22. Juli ist unser gemeinschaftlicher Geburtstag und ist dieses Jahr ein Sonntag. Möge er ein rechter Freudentag für Euch sein. Meine herzlichste Bitte ist es, daß der liebe Gott Euch segnen möge und Euch alles schenken wolle, was Ihr bedürfet für Leib und Seele.

Wie geht es Dir, lieber Theophil? Das Semester wird bald zu Ende gehen, ich denke mit Bangen daran, wie wird es gehen, wirst du in die X. Klasse kommen, oder reicht es nicht? Ach, daß Du Dir doch rechte Mühe geben wolltest und eifrigen Fleiß anwenden, und wisse, nicht nur das: „fleißig gebetet ist halb studiert". Du weißt selbst, welcher großer Mann dieses Sprichwort befolgt hat. Dem treuen, redlichen Fleiß wird Gott Seinen Segen nicht versagen. Ich bin sehr begierig, wenn Du Dich einmal für einen Beruf entschließest und zu welchem, wenn Du darin nur auch das Richtige findest. Ich denke viel an Dich und freue mich sehr, wenn ich auch einmal wieder etwas von Dir zu lesen bekommen würde. Bist du noch bei Herrn Vetterles? Und Immanuel wird wohl noch die Webschule besuchen. Heute in vier Wochen werdet Ihr dann miteinander daheim sein und Geburtstag feiern. Wo ich an diesem Tag stecke, kann ich noch nicht mit Bestimmtheit sagen, aber wo ich auch bin, ich werde Eurer in Liebe gedenken und im Geist bei Euch Lieben einen Besuch machen.

Und Du, meine liebe Lydia, was soll ich Dir noch sagen, zum erstenmal feierst du Deinen Geburtstag als konfirmiertes Mädchen. Ich denke, Du bist eine Hilfe für die liebe Mama und giebst Dir Mühe ihr Freude zu machen. Nicht wahr, wir alle wollen ja den lieben Eltern viele Freude bereiten. Was treibst Du eigentlich den lieben langen Tag? Jetzt sind bei Euch die schönen Sommertage, aber Ihr habt am 21. schon den längsten Tag gehabt, dann werden die Tage nach und nach wieder kürzer. *(Im Folgenden erkundigt sich Luise nach vielem.)*

Nicht wahr, der Fragen sind genug, sonst wirst Du des Antwortens überflüssig. Du weißt gewiß selbst Manches, das ich gerne wissen möchte und das Du mir schreiben wirst. Deine Briefchen machen mir immer große Freude.

Nun grüße und küsse ich Euch, meine lieben Geburtstagsgeschwister, ganz herzlich und bin

Eure Euch liebende Schwester Luise.

Abokobi, den 2. Juli 1894

Meine lieben Alle!

Übermorgen geht Bruder Kölle mit seinem Kindchen an die Küste, um der lieben Heimat zuzueilen. Bruder Kölle war so freundlich und sagte mir, er nähme mir gerne etwas für Euch mit. Und so benütze ich denn diese Gelegenheit, Euch Lieben etwas Handgreifliches zu schicken; es ist nur wenig, aber es kommt von Herzen.

Ich denke, Du liebe Mama, hast für die 6 Betteinsätze Verwendung, ebenso für die beiden viereckigen Deckchen, auch das Stück Cremé-Spitze könnt Ihr vielleicht zu irgend-etwas gebrauchen. Das braune, längliche *tin* mit der gestickten Schürze und der Spitze dazu soll Maria gehören. Leider habe ich hier keine passenden Bänder; ich bitte Dich, liebe Maria, daher, die Schürze selbst vollends fertig machen zu wollen. Die Handarbeiten sind in der Schule gemacht worden, leider ist's nicht ganz ohne Fehler abgegangen. Das hohe *tin* mit den Figuren sende ich der lieben Lydia, ebenso die afrikanische Schale, welche drinnen ist und den rot und schwarzen Körnle. Dann können meine beiden Schwestern auch eine Art der hiesigen Armspangen sehen. Ihr müßt's eben mit Leinöl ein wenig schöner machen. Den Kindern hier macht's oft große Freude, wenn sie mir abends etwa eine ihrer schwarzen Armspangen an meinen weißen Arm halten, das gefällt ihnen. Meinen Herren Brüdern sende ich die afri-kanischen Geldträger mit herzlichem Gruß.

Für Dich, lieber Papa, habe ich leider nichts, auch Tante geht leer aus. Doch hoffe ich, auch Euch einmal eine kleine Freude machen zu dürfen.

Wie geh es Euch allen? Ich denke, bis Ihr diesen Brief und die Sächelchen erhaltet, sind unterdessen spätere Briefe schon in Euren Händen.

Wenn das liebe Kindchen fort ist, wird's einsam bei uns sein; es war so schön allemal. Morgens und abends hatte ich Zeit bei ihm zu sein; wir haben manches Feierabendstündchen miteinander gehalten, jetzt ist's dann wieder anders. Schade, daß hier oft alles so schnell ein Ende hat; es ist ein immerwährendes Kommen und Gehen, Begrüßen und Abschiednehmen. Ich hoffe, Bruder Kölle wird Euch einmal besuchen.

Mein Zimmer weist jetzt ein Möbelstück mehr auf. Ich habe nämlich Bruder Kölles Harmonium gekauft. Ich habe doch Platz gefunden, daßelbe zu stellen in meinem Zimmerchen, und so komme ich manchmal auch ans Spielen. Ein Morgen- oder Abendchoral, gespielt und gesungen, erquickt Leib und Seele und erfrischt den Geist.

So Gott will, hoffe ich nächsten Mittwoch nach Aburi zu gehen; seit letzten Freitag haben wir Ferien. Jetzt habe ich noch zu räumen, zu putzen und zu waschen, es muß alles von einem ½ Jahr in Ordnung gebracht werden.

Nun lebet wohl und b'hüt euch Gott! In herzlicher Lieb mit Gruß und Kuss

Eure dankbare Luise

Meine Lieben Alle!

Aburi seht Ihr oben verzeichnet, meine Lieben. Ja, seit letztem Mittwoch, dem 4. dieses Monats befinde ich mich wieder hier oben in Aburis köstlicher Luft. Es ist doch ein großer Unterschied zwischen hier und drunten: es atmet sich hier oben viel leichter, es ist so frei, luftig und frisch. Es ist Regenzeit, dadurch haben wir in den letzten Tagen sehr schön hell gehabt, die Sonne hat auch gut warm geschienen, nur morgens und abends ist's ziemlich kühl.

Und heute ist der 1. Sonntag, den ich hier verlebe. Es ist bald Abend: die Sonne fällt beinahe ins Meer, und es fängt schon recht an abendlich zu werden. Wie schön ist's hier, der Blick kann ganz ungehindert in weite Ferne schweifen bis zur See, die sich als blaugrauer Streifen im fernsten Horizont zeigt. O, es ist prachtvoll, so weit hinauszublicken und zu denken oder auch zu träumen. Von nahem hab' ich sie nicht mehr gesehen, die große weite See, seit ich vor mehr als 1 Jahr von ihr Abschied genommen habe. Ich stand sehr vor der Wahl, ob in den Ferien an die Küste oder auf die Berge, habe aber eingesehen, daß es hier besser ist. Dazu kann ich thun so viel und was mir behagt und bin nicht an jede Stunde gebunden wie in der Schulzeit. Die Vakanz soll und will ich jetzt recht ausnützen und anwandeln zur leiblichen und geistigen Erquickung, um nachher mit desto mehr Kraft, Mut und Freudigkeit an meine Arbeit gehen zu dürfen. Merk-würdig, man fühlt sich doch oft recht müde und matt, auch innerlich leer und öde, besonders nach schweren, traurigen Erfahrungen.

Auch hier giebt's Abhaltungen, seit Sonntag Abend bin ich nicht mehr ans Breifeschreiben gekommen. Es ist heute Dienstag und bald 10 Uhr, in 1 ½ Stunden müssen die Briefe übergeben werden, wenn sie heute mit der Post befördert werden sollen. Will sehen, ob ich fertig werde. Einen Brief von Euch Lieben habe ich nicht zu beantworten, ich muß Euch daher bitten, mit dem vorlieb nehmen zu wollen, was ich Euch zu berichten weiß.

Donnerstag, den 28. Juni hatten wir unser Examen. Bruder Schopf von Christiansborg kam und examinierte unsere Mädchen Donnerstag Vormittag von 7 ½ bis 1 Uhr. Wir hatten nur ¼ Stunde Pause. In dieser Zeit konnte natürlich vieles abgefragt werden, und kein Wunder, wenn auch vieles zum Vorschein kam, was die Mädchen eben nicht wissen und können. Doch haben wir einen ordentlichen Halbjahresabschluß gemacht, und alle haben sich sehr auf die Ferien gefreut.

Freitags wurde gepackt und in den Zimmern und sonstigen Räumen gefegt, und ein Teil der Mädchen, welche ihre Heimat nicht in einem Tag erreichen können, verabschiedete sich und zog wohlgemut dem Elternhaus zu. Samstags gingen wieder andere, nur meine Lehrerinnen blieben mit einigen Mädchen über den Sonntag in Abokobi. Dann an diesem Sonntag feierten wir das heilige Abendmahl. Zugleich hielt Bruder Weiß die Predigt, sozusagen seine Antrittspredigt in Abokobi, worin er die Gemeinde recht herzlich begrüßte. Er redete über 2. Kor. 13,13. Und Bruder Kölle, welcher den letzten Sonntag in Abokobi erreicht hatte, hielt eine kurze Abschiedsrede. Es war recht wehmütig und ergreifend, Begrüßung und Abschied so nahe beisammen. Nach der Abschiedsrede wurde eine Ausgeschlossene durch Bruder Kölle wieder in die christliche Gemeinde aufgenommen. Daraufhin genossen wir das heilige Abendmahl. Die liebe Frl. Wachter war Samstag Abend zu uns gekommen und feierte auch mit uns diesen schönen Sonntag. Sie ist nach Odumase gereist, um ihre Ferien bei Geschwister Irsenhans zuzubringen.

Montag früh sind dann alle vollends in die Ferien gezogen, frohen Herzens und freudig die Schule hinter sich lassend. Ich frage mich, wie werden sie zurückkehren, die Kinder, welche uns verlassen haben. Voriges Jahr, welchen traurigen Anfang hatte ich da im August. Gebe Gott, daß es diesmal nicht wieder so ist, möchten sie alle ungefährdet an Leib und Seele zu uns zurückkehren!

Es war mir an jenem Sonntag etwas wehmütig ums Herz, sollte es doch auch der letzte sein, welchen ich mit unserem lieben Kindchen verleben durfte. Ich habe es in den letzten Tagen vollends recht genossen, ein liebes Kindchen halten und verpflegen zu dürfen. Der Reisetag an die Küste war auf Mittwoch, den 4. Juli bestimmt, ich wollte dann an diesem Tag auch nach Aburi, was wollte ich noch in dem leeren Haus machen! Geschwister Zürcher gingen ja mit an die Küste. Allein, es kamen verschiedene Nachrichten von der Küste über die Ankunft des Dampfers, so daß die lieben Reisenden erst Donnerstags von Abokobi weggegangen sind. Wenn es geht, daß alle mit der „Marie Woermann" reisen können, dann giebt es eine große Reisegesellschaft. Denkt Euch, Geschwister Bizer müssen ganz schnell heim zur Erholung. Bruder Bizer hatte in Kamerun 2 Gelbfieber. Sie kamen zur Erholung auf die Goldküste. Jedoch in Odumase bekam er wieder eins und konnte sich in Aburi nicht erholen. So sagte Bruder Fisch, sie müssen heimfahren. Bruder Bizer ist auch sehr elend und schwach, es ist ein Wunder, daß er noch am Leben ist. Und Frau Jäger mit ihren 3 Kindern muß auch heim, weil die Kleinen nicht gesund sind. Bruder Jäger muß alleine da bleiben, das ist doch sehr traurig für ihn. Mit ihnen reist Bruder Kölle mit seinem Kindchen. So ist's ein immerwährendes Kommen und Gehen bei uns. Der Abschied von meinem lieben Patenkindchen liegt hinter mir; ich bin froh, daß er äußerlich überstanden ist. Es wird nachher in Abokobi recht einsam sein, die liebe Lina Kölle, sie fehlt mir eben sehr, und jetzt ist auch ihr Kindchen fort.(...)

Ein andermal Fortsetzung.

Für heute seid allesamt Gott befohlen und herzlich gegrüßt und geküsst

Von Eurer dankbaren Luise.

Meine Lieben Alle!

Am letzten Dienstag Abend brachte mir Herrn Doktors Boy das Kistchen, Euer Kistchen, mit hierher. Ich wurde damit sehr, sehr erfreut. Daß etwas von Euch Lieben an mich unterwegs war, sagte mir Bruder Irsenhans, welcher auf der Durchreise hier war und auf dem Zollamt in Accra war. Und nun sage ich Euch Lieben Allen vielen herzlichen Dank für all das Gute und Schöne, welches ich im Kistchen vorfand. Vor allem danke ich Euch für die lieben Briefe, welche mich sehr erfreut haben. Das schöne Buch hat Auge und Herz erfreut, ein neues Buch zu haben, hat mich ganz wonniglich erfüllt, Bücher sind meine große Lust und Freude. Und das Backwerk, das ist eben gar schön und mundet herrlich; es ist Mamas Werk, das eben niemand anderes so gut kann und versteht. Ja, was halt Mutterchen macht, geht über alles. Leider hatte ich Dein Gebot, liebe Maria, schon überschritten, als ich den betreffenden Satz in Deinem Brief las. Ich hoffe, Du nimmst es mir nicht so sehr übel und bist mir trotzdem gut, nichtwahr? Nun höre, als ich eben meine Schätze auspacke und besichtige, treten meine Mädchen ein, und ich in meiner Herzensfreude greife in das Kistchen und gebe jedem daraus 1 Stückchen mit der Erklärung, daß das meine lieben Eltern geschickt hätten. Und die Geschwister, welche hier sind, haben auch alle ein Versucherle bekommen, und alle haben Mamas Gebäck prachtvoll gefunden, es mit wahrem Genuß verzehrt und daßelbe laut gelobt. Ja, an jenem Abend hat nicht nur eine an Euch gedacht.

Der lieben Tante danke ich bestens für die Chokolade, und daß Ihr mir das Schriftchen „Gott will es" zugeschickt habt, danke ich Euch sehr. Soll ich Euch daßelbe wieder zurück schicken, oder habt Ihr noch mehrere? Und nun besten, herzlichsten Dank nochmals für alles, für alle Eure Liebe und Freundlichkeit, welche mir aufs neue wieder so reichlich von Euch zuteil geworden ist. Der liebe Gott, der rechte Vergelter, segne Euch Lieben reichlich dafür und schenke mir die Freude, mich dafür dankbar zu erweisen. Jetzt kann ich's leider nur mit Worten thun, aber ich hoffe zuversichtlich, es kommt einmal die Zeit, da ich Euch beweisen darf, daß ich in der That Eure dankbare, Euch herzlich liebende Luise bin und bleibe.

Und Eure lieben Briefe, wie haben sie mich so sehr erfreut, ich danke Euch herzlich für alle die lieben Nachrichten und Mitteilungen. Lieber Papa, ich nehme es gewiß nicht übel, wenn Du mich auf meine orthographischen und anderen Fehler aufmerksam machst. Es that mir wirklich schon oft sehr leid, daß ich in meinen Briefen so sehr eilen mußte; leider hatte ich, besonders wenn ich kaum zur Post fertig werden konnte, schon öfters nicht mehr Zeit fürs Durchlesen. Ich verspreche, mich in dieser Hinsicht bessern zu wollen; doch bitte ich recht herzlich um Entschuldigung und Nachsicht, wenn sich der eine oder andere Fehler zeigt.

Besonderen herzlichen Dank für Eure herzlichen Wünsche zu meinem Geburtstag, welchen ich, so Gott will, in 8 Tagen feiern darf. Alle haben mir geschrieben und mir alles Gute gewünscht. Brauchen kann ich's gut, und ich danke Euch vielmals dafür.

Die Nachrichten über Nathanael habe ich mit großem Interesse gelesen. Der Briefschreiberin herzlichen Dank! Wie freue ich mich so recht herzlich, daß es Nathanael trotz aller Gefahren und vielem Unangenehmen doch ordentlich geht und er immer frischen, heiteren Mut behält. Es ist meine tägliche Bitte, daß Gott ihn gesund erhalten und ihm Freude und auch Erfolg schenken möge. Persien, es ist doch ein merkwürdiges Land! Mit welcher Wonne und Freude hat es mich erfüllt, als ich in Deinem lieben Brief, liebe Mama, las, 1 Tag nach *Ninive* und zum *babylonischen Turm*! Herrlich, wer solche Stätten sehen und betreten darf! Nur das Sehen muß einen mit ungeahnter Freude und Wonne durchzucken. Und wenn Nathanael erst einmal die heiligen Stätten, wo unser lieber Heiland einst gewandelt ist, sehen darf, das muß köstlich sein! Unwahrscheinlich schwer und anstrengend ist aber scheint's die Reise, mit wie vielen Gefahren und Hindernissen verbunden. Nathanael darf gewiß oft erfahren, daß es allein der Herr ist, der ihn bewahrt und erhalten hat. Möge Er über unseren Bruder immer wachen und ihn uns gesund wieder heimbringen! Ja, und welche Freude erwartet Eurer, Ihr Lieben! Nathanael will zu Weihnachten bei Euch sein, das ist ja eine unverhoffte Freude. Und er wird Hedwig zu Euch bringen, dann werden sie sein Mann und Frau! Ach ja, wenn es einmal so weit ist. Allerdings wurde ich durch diese Nachricht sehr überrascht. Nathanael hat die Heimat später verlassen als ich und kommt früher wieder in dieselbe zurück. Möge Euch der liebe Gott diese Freude schenken!

Es ist doch ein großer Unterschied zwischen jener und unserer Mission. Das Schönste und Größte aber ist, wenn jedes auf dem ihm angewiesenen Posten treu, treu auch im

Kleinsten, ist und wenn jedes zufrieden ist mit dem ihm beschiedenen Teil.

Unsere Kleinste, Lydia genannt, ist derzeit noch im Elternhaus. Das freut mich sehr. Wird es ja immer noch früh genug sein, wenn das schwache Pflänzlein in die Residenz versetzt wird. Dort würde sie ja Fortschritte machen, aber nicht in leiblicher Beziehung, und meiner Ansicht nach, sollte Lydia das zuerst in dieser Hinsicht. Oder würde ich vielleicht meine Lydia nicht mehr erkennen, hat sich das Bißchen Rot über die ganzen Wangen verbreitet? Wenn dies der Fall ist, würde ich mich herzlich freuen. Jedenfalls wäre Lydia bei Tante Rösle besser aufgehoben, denke ich. Aber, das sind so Sachen. Ich wünsche nur, daß Ihr mit Lydia das Rechte treffen möget. Unsereins ist auch ohne Stuttgart zu dem geworden, was es ist. (....)

Maria näht eifrigst darauflos, alte und neue Kleider herzurichten. Wohl geling's! Mama macht Hemden für die Brüder, nun, da habt Ihr allemal die reinste Kleiderstube. Denkt Euch, bei mir sieht's oft auch so aus, wenn ich die Mengen von Handarbeiten durchmustere und richte oder eine der zwei meiner Gehilfinnen am Boden sitzt und womöglich die Unordnung vermehrt. Schade, daß man an den schwarzen Mädchen und Lehrerinnen nicht mehr Hilfe in derlei Sachen hat. (....)

Daß unsere Briefe 2 Monate unterwegs sind, das ist eine schöne Postverbindung! Sie läßt hier noch viel zu wünschen übrig. Eigenartig und etwas unangenehm hat mich berührt zu wissen, daß Euer Paket auf dem Zollamt geöffnet wurde. Hauptsächlich war es mir wegen den Briefen, es sind ja dort immer viele Leute, Leute, welche auch Deutsch verstehen.

Ihr fürchtet scheints, ich werde einmal nach Kamerun gehen. Aber, wenn Ihr das nicht wünschet, so lasse ich das hübsch bleiben; vorerst wäre ja auch gar nichts daraus geworden. Also, nur keine Sorgen. Kamerun soll mich nicht sehen, wenn es Euch so lieber ist.

Wie Ihr seht, bin ich immer noch in Aburi. (...) Der Umgang mit Frl. Kurz und Frl. Brugger ist wirklich schön, leiblich und geistig erholt man sich hier. Und nun darf ich noch mit einer Bitte kommen. Für uns, die wir in Africa sind, steht Weihnachten schon in der Nähe. Würdet Ihr mir auch diesmal etwas senden für meine Kinder, wenn Ihr etwas Geld zusammen bekommt? Ich bin Euch für alles dankbar, und Ihr wißt auch, was uns freut; ich will nur an Bilder erinnern, denn die Kinder sind gar zu große Bilderfreunde.

Nun nochmals recht herzlichen Dank für alles. An alle viele herzliche Grüße.

In herzlicher Liebe mit Gruß und Kuß

Eure dankbare Luise.

Meine Lieben Alle!

Also jetzt bin ich wieder hier. Letzten Freitag Morgen ging's von Aburi weg und gegen 10 Uhr kam ich wohlbehalten in Abokobi an. Es war alles beim alten, mein Zimmerchen in derselben Ordnung oder Unordnung, wie ich's verlassen hatte. Nur ein liebes, kleines Kindchen fehlte, das jetzt mit seinem Vater bald die Heimat erreichen wird.

Bei meiner Ankunft fand ich in meinem Zimmer Euer Paket vor, das meine Bestellung enthielt. Ich danke den lieben Besorgern meiner Wünsche sehr herzlich für alle ihre Mühe, welche sie hatten. Die Schuhe habe ich noch nicht probiert, doch hoffe ich, daß sie mir passen werden. Das Garn hat mein Wohlgefallen in höchstem Grad erregt, Strick- und Häkelgarn; ich danke vielmals dafür. Auch die Häkchen und Nadeln sind ganz nach Wunsch. Ihr seht, ich darf nur heimschreiben, so bekomme ich alles. Nach einer Rechnung habe ich umsonst gefahndet, wird sie mir durch Basel verrechnet?

Etwas, das ich nicht bestellte, aber mich umso mehr entzückte und erfreute, habe ich auch im Paket vorgefunden: ein gar hübsches, feines Büchlein, „Gedankenperlen" betitelt. Dem lieben Geber, welchen ich nicht einmal weiß, sage ich mit diesen schlichten Worten meinen innigsten, herzlichsten Dank für diese freundliche, sinnige Gabe. Ihr Lieben habt mich so sehr beschenkt zu meinem Geburtstag, daß ich Euch ja nicht genug dafür danken kann. Und dann das Stickbüchlein hat mich ebenfalls sehr erfreut, wir werden's fleißig gebrauchen und dabei Eurer gedenken.

Und dem lieben Papa, dem einzigen Berichterstatter, besonders herzlichen Dank für das liebe Brieflein. Daß es Euch allen gut geht, freut mich sehr. Unterdessen sind wohl auch Briefe von mir angekommen, daß Ihr nun befriedigt seid. Es that mir damals sehr leid, daß ich so lange nicht schreiben konnte. Es war unsere schwerste Zeit, da man kaum das Notwendigste thun konnte, man mußte sich dazu zwingen. Ich selbst war nicht zu Bett, nur hin und wieder fieberisch, doch fühlte ich weder Mut noch Freudigkeit zur Arbeit und zum Schreiben. Gott sei Dank, Er hat hindurchgeholfen und ist uns beigestanden! Eine Ausspannung war recht notwendig, leibliche und geistige Erholung, jetzt gehe ich mit neuem Mut und neuer Freudigkeit wieder an die Arbeit. Mit dem Herrn und in Seinem Namen wollen wir beginnen, Er wird uns auch segnen, uns beistehen und erhalten, wenn wir uns zu Ihm halten und Ihn bitten. Ich freue mich auf die Arbeit, wenn ich gleich auch weiß, was es heißt, hier in einer Anstalt zu arbeiten.

Gestern sind meine Lehrerinnen bis auf eine und 30 Kinder gekommen, morgen werden noch andere kommen. Es verspricht also, einen besseren Anfang zu geben als voriges Jahr nach den Juliferien. Das würde mich recht von Herzen freuen. Morgen Vormittag beginnen wir mit der Schule, und morgen Nachmittag lasse ich putzen. Es sieht drunten natürlich nicht am schönsten aus. In meinem Zimmerchen habe ich gestern den ganzen Tag geräumt und geputzt, und noch ist nicht alles fertig, doch kann ich wieder drin wohnen. So lange ich fort war, waren *Cacrotschen* und andere Tiere Herr und Meister, nein, die haben's gekonnt, da gab's was zu töten, man hörte allemal einen Klaps. Das ist keine Freude, aber es muß eben sein. Und drunten im Hof fanden wir eine tote Ratte, sie kam scheints nicht mehr aus ihrem Versteck heraus; sie hat uns die Luft vollständig verpestet. (....)

Heute vor 8 Tagen feierte ich in Aburi meinen Geburtstag an dem Ort, da ich einst das Licht der Welt erblickte. Glaubte ich, diesmal ganz in Stille wie voriges Jahr, Geburtstag zu feiern, so hatte ich mich sehr getäuscht. Ich wurde sehr erfreut, und von allen Seiten wurde mir gratuliert. Im Zimmer, wo ich wohnte, richteten mir Frl. Brugger und Schwester Lottchen meinen Tisch zu einem schönen Geburtstagstisch, mit Blumen wurde er bekränzt, und dazwischen fand ich allerlei nette und nützliche Geschenkchen, z.B. eine Schürze, ein Nadelkissen etc. Und unten, als wir zum Frühstück kamen, fand ich ein allerliebstes Geburtstagstischlein von der lieben Frau Fisch gerichtet mit Blumen geschmückt und ebenfalls netten Sächlein darauf. Auch fehlte der Geburtstagskuchen nicht. Ihr seht, wie ich erfreut wurde, mehr als ich mir je träumen ließ. Wo ich mit meinen Gedanken an diesem Tag so oft einkehrte, wißt Ihr selbst, Ihr habt's wohl gespürt. Ich hoffe, die beiden Geburtstägler daheim sind recht vergnügt gewesen. (....)

Daß ein Paket nach Africa so viel Mühe macht, ist mir recht leid. Es werden doch so viele Postpakete von Deutschland nach der Goldküste gesandt, da glaubte ich, es wäre jetzt einfacher, und man muß doch von daheim bestellen.

Ich danke Euch eben vielmals herzlich für alle Eure Mühe. Das Blechkistchen schicke ich einmal zurück.

An alle viele herzliche Grüße. In herzlicher Liebe mit Gruß und Kuß

Eure dankbare Luise.

Abokobi, den 12. August 1894

Mein lieber Papa!

Es drängt mich sehr, heute abend noch Dir einen besonderen Gruß zu schreiben. Bis dieser Brief in Eure Hände kommt, ist ja Dein Geburtstag, und da möchte auch ich mich bei Dir einstellen und Dich von Herzen beglückwünschen. Der liebe Gott, der alles weiß und mehr thun kann als wir bitten und verstehen, möge Dich reichlich segnen und Dir alles Gute nach Leib, Seele und Geist schenken. Und wir wollen Ihn bitten, daß Er Dich uns noch lange gesund erhält, damit wir viele Jahre noch die große Freude, liebe Eltern zu haben, genießen dürfen. Und Ihr, liebe Eltern, möget aber auch Freude an Euren Kindern erleben dürfen. Der liebe Gott schenke Dir auch die tägliche Kraft zu Deinem Amt und lasse Dich doch manche Früchte sehen, Früchte, welche da bleiben zum ewigen Leben. Und Er segne auch Deine Arbeit und Mühe reichlich und lege vielen Segen auf Deine Verkündigung des Wortes Gottes und schenke willige Hörer und eifrige Thäter desselben.

Dein Geburtstag fällt auf einen Sonntag. Möge es ein recht gesegneter, schöner Tag für Dich und Euch alle sein. Im Geist werde ich in Eurer Mitte einkehren.

In herzlicher Liebe bin ich

Deine stets dankbare Tochter Luise.

Abokobi, 23. September 1894

Meine Lieben Alle!

„Wenn ich ein Vöglein wär' und auch 2 Flüglein hätt', flög' ich zu Euch!" Ja, dieser Wunsch regte sich in den letzten Tagen und Wochen manchmal in meinem Herzen, nur ein klein wenig zu Euch Lieben hereinschauen zu dürfen. Im Traum war ich einigemal bei Euch, das waren kurze, aber liebliche Augenblicke, und siehe, der Traum wurde Wirklichkeit, als letzten Dienstag Abend Euer lieber Brief ankam. Habt vielen herzlichen Dank dafür, für alle Eure Liebe und die verschiedenen Mitteilungen, welche ja alle freudiger Art sind. Ihr, liebe Eltern, wart in Bad Schachen; das hat mich sehr gefreut, daß Ihr nun einmal zusammen zur Erholung gegangen seid. Es hat Euch gewiß gut gethan, und jetzt spürt Ihr die guten Nachwirkungen Eurer Kur, nicht wahr? Daß Ihr kein schönes Wetter hattet, war allerdings nicht angenehm. Im Zimmer sitzen kann man ja daheim; aber jedenfalls hat Euch die Ruhe gut gethan, und jetzt geht alles wieder besser im Amt, Schul' und Haus, nicht wahr? Unterdessen war Maria Hausmütterchen. Wie geht's auch der lieben Tante? Lydia ist jetzt also seit 3 Wochen in Stuttgart und macht ihre täglichen Gänge zwischen Onkels Wohnung und Martha-Schule und wieder zurück. Möge sie nur gesund bleiben und sich nicht überanstrengen.

Theophil ist 10kläßler, hat die Prüfung bestanden, wozu ich ihm von Herzen Glück wünsche, zugleich auch viel Segen und Fleiß zu weiterer Arbeit.

Immanuel denke ich mir jetzt als Webermeister, kann mir aber keine Vorstellung von ihm als solchen machen, denn ich denke, er hat seine Diplomprüfung mit gutem Erfolg bestanden, er ist also jetzt ausgelernter Kaufmann. Ich bin begierig, weiteres von ihm zu hören, was er jetzt thun wird. Als einzige von sieben ist Maria daheim. Nun, das wird ja nett sein. Da ist Ruhe daheim, und man sollte denken, es gebe gar keine Arbeit mehr, wenn nur Eltern, Tante und eine große Tochter daheim sind. Aber ich weiß wohl, daß diejenigen, welche fort sind, Arbeit zur Genüge machen, und Haus, Hof, Garten und Wiese, Enten und Hühner, alles will besorgt sein. Dieses Jahr habe ich gar nichts zu hören bekommen, wie's im Garten und auf den Obstbäumen aussieht, giebt's Obst und dergl., Trauben und Träublein? Und nicht wahr? Weil Ihr nicht schon genug Arbeit habt, komme ich allemal auch noch, um Euch Mühe zu machen. Aber ich hoffe und denke, Maria nimmt eine Reise nach Reutlingen nicht gar so schwer, wenn ich einmal wieder heimkomme, will ich ihr und Euch auch wieder helfen. Daß die lange besprochene und gewünschte Albreise einmal ausgeführt wurde, freut mich sehr. Theophil hat doch als ritterlicher Beschützer seine beiden Schwestern Maria und Lydia begleitet. Wie lange wünschte ich, einmal auf die Alb und den Schwarzwald zu gehen, was auch als Wunsch geblieben ist. Solche Reischen erfreuen und beleben, und nachher geht die Arbeit desto besser.

Und unser Nathanael! Ja, das ist einer! Läßt sich geschwind, so mir nichts, dir nichts sein Bräutchen nach Persien kommen! Nun, es freut mich herzlich für ihn, wenn er dann endlich in dem weiten Persien jemand hat, der ihn liebt und versteht, für ihn denkt und sorgt, ihm sein <u>Alles</u> ist, dann kann auch die Arbeit leichter und fröhlicher gethan werden. Und der Herr wird auch dieses Werk segnen. Es ist ja nur in

Seinem Namen angefangen. Deshalb wird Gott selbst sich zu Seiner Sache bekennen und Seinen Segen nicht versagen. Er wird auch die Knechte und Mägde in Seinem Dienst segnen, auch Nathanael und Hedwig, wenn sie sich treulich zu Ihm halten. Also jetzt habe ich mir Hedwig mit ihrem Gefährten auf der Reise zu denken. Der Herr schenke ihnen eine glückliche Reise und bringe sie wohlbehalten zum Ziel, und dann fange Er mit ihnen ein Neues an. Nathanael kann ich gut verstehen, wenn er sich sehnt, ein eigenes Heim zu bekommen, seine Gründe sind ja reichhaltig. Wie mag es ihm oft zu Mute sein, so ganz allein ohne eine liebende Seele um sich, dazu in einem ganz fremden land. Er kann nicht nähen und flicken, da hat er's schon schlimmer als ich, und ich glaube, ein Mädchen versteht eher sich selbst zu unterhalten, wenn's einmal an Arbeit fehlen sollte. Leider könnt nicht einmal Ihr, liebe Eltern, bei der Hochzeit zugegen sein; aber wir wollen recht herzlich beten und bitten, daß der Herr Nathanael und Hedwig segnen und recht glücklich machen möge. Ich kann Hedwig kein Brieflein mehr beilegen. Ich warte nun auf Euren nächsten Brief, der mir Näheres und Bestimmtes mitteilen wird, dann kann ich ja auch schreiben.

Und jetzt, bitte, kommt ein klein wenig mit Euren Gedanken zu mir nach Africa herüber. Unser Familienbild hängt immer am gleichen Platz wie zu Anfang, und oft stehe oder sitze ich davor und sehe Euch an. Ja, ich bin viel und oft im Geist in Eurer Mitte. Jetzt herbstelt's bei Euch wieder. Bei uns ist's heute recht heiß, so recht africanisch. Doch nicht immer war's so. In den letzten Wochen war's mehrmals so, daß man gerne nach einem wärmeren Kleid griff, abends sogar ein Halstuch aus der Kiste holte und sich darein hüllte. Ja, einmal stand ich mitten in der Nacht auf, um meinen 2. Bettteppich zu holen, da mir der eine nicht genügte. Es ist eben recht veränderlich; bei Tag recht heiß, abends und in der Nacht sehr kühl, und man lernt verstehen, wenn Jakobine sagt „des Tages verschmachtete ich vor Hitze und des Nachts zitterte ich vor Kälte". Und die Heuschrecken, von denen ich Euch schon zu Anfang des Jahres geschrieben habe, sind wiedergekommen. Unsere schwarzen Leute sind übel daran, sie haben kein Korn, ihr Hauptnahrungsmittel fehlt gänzlich, und der *Yams* ist nicht gut geraten, wahrscheinlich wegen der großen Trockenheit, welche mehrere Wochen herrschte. Jetzt sollte die 2. Regenzeit einsetzen, aber es sieht nicht nach Regen aus. Es ist darum auch nicht zu verwundern, daß es heute vor 3 Wochen traurig und leer in unserer Kapelle aussah. Da, wo sonst, z.B. voriges Jahr, sich große Haufen Korn ausbreiteten, waren diesmal einige *Yams*wurzeln, *Duade* oder ein wenig Erdnüsse zu sehen, wenn man in früheren Jahren eine Einnahme von einigen Pfd. erzielte, hatte man diesmal 9 – 10 Sh. So war diesmal unser Herbstdankfest. Die Leute sind zu bedauern. Und doch haben sie sich wacker gehalten und zu unserem Missionsfest reichlich beigesteuert, daß Bruder Zürcher eine schöne Einnahme zu verzeichnen hatte, wohl etwas weniger als voriges Jahr, aber immerhin eine schöne Summe bei den diesmaligen Verhältnissen. Unser Missionsfest feierten wir heute vor 14 Tagen, also am 9. September. Ihr alle wißt, wie man ein Missionsfest feiert, aber hier ist's doch ganz anderer Art als daheim, wenigstens im Betreff der Vorbereitungen. Schon 2 – 3 Wochen vorher hört man immer vom Missionsfest sprechen. Da bat mich eines Tages meine Lehrerin, ich solle den Kindern Erlaubnis geben, daß sie ins Holz gehen können, um solches fürs Missionsfest herbeizuschaffen. Das war Wochen vorher, und ich wollte jetzt nicht schon anfangen, frei zu geben. Aber in der anderen

Woche mußte es dann doch sein. Da gingen die Mädchen der 2 unteren Klassen alle ins Holz, natürlich erst mittags nach 12 Uhr und kamen dann gewöhnlich nach 3 Uhr zurück, jedes auf seinem Kopf einen kleinen oder größeren Bündel Holz tragend. Das kam in den kleinen Hof, die sogenannte Küche, und nach Verlauf von 6 oder 7 Tagen hatte sich dort ein großer Haufen Holz angesammelt, mit welchem Massen von *Fufui* gekocht werden konnten. Nicht nur das, schwarze Schüsseln, Korn, Pfeffer und Früchte aller Art wurden einge-kauft, um die werten Gäste festlich bewirten zu können. Ferner wurde in Hof und Haus gereinigt, gefegt, alle Plätze zwischen Missionshaus und Kapelle von Unkraut und sonsti-gem Unrat befreit und mit dem Besen gefegt, daß auf der Straße sogar fast kein Stäubchen mehr zu sehen war. In der Anstalt, wo vorher 2 Schulzimmer geweißelt wurden, wurde aus der Ordnung erst eine große Unordnung gemacht: alle Bücherbretter wurden abgeräumt, Tische und Bänke, Tafeln, überhaupt alles wurde geputzt. Ihr hättet da mal einen Blick in unseren Anstaltshof hereinwerfen sollen. Ihr hättet wohl gelacht, denn da wimmelte es nur so mit kleinen und großen schwarzen Gestalten, welche gewöhnlich alles verkehrt an-greifen. Da gab's zu thun und zu laufen, um alles in Ordnung zu bringen. Endlich, mit viel Müh und Not war's erreicht, auch mein eigenes Zimmerchen hat in jener Zeit eine gründ-liche Reinigung erfahren. Freitags vor dem Fest galt es zum Schluß mit den Vorbereitungen zu eilen. Mädchen gingen an die Küste, um für die Anstalt und einige Leute im Dorf Fische zu kaufen. Die anderen thaten daheim ihr Möglichstes, alles schön zu machen. Schule wurde nur bis 9 Uhr gehalten, und der übrige Teil des Tages war frei. Und für wen wurden solche Vorbereitungen getroffen? Eigentlich und hauptsäch-lich für die Anstaltskinder in Aburi, denn Frl. Kunz hatte

versprochen, sich mit ihrer Schar zu unserem Fest ein-
zustellen. Da – Freitag morgens kommt ein Brief von Frl.
Kunz, der alle Hoffnungen zunichte machte. Sie selbst hatte
Fieber, und die Kinder hatten Impfwunden. Nun war große
Enttäuschung drunten, namentlich bei meinen Lehrerinnen.
Halb und halb hatte auch Frl. Wachter von Osie zugesagt.
Plötzlich Samstag morgens zwischen 8 und 9 Uhr ziehen die
Schülerinnen von Osie mit Gesang hier ein. Meine Kinder
springen, nehmen den anderen ihre Lasten ab, und eine
Begrüßung mit Freudengeschrei beginnt, die kein Ende
nehmen wollte. Also waren die Vorbereitungen nicht umsonst, und jetzt begann eine Kocherei, von der man nur hier
zu Land etwas weiß. Meine Lehrerinnen hatten 3 Tage lang
rote Augen von dem Rauch und der Hitze. Und dann am
Missionsfest, das Sonntags von 2 – 5 Uhr gehalten wurde,
hörten wir weiße und schwarze Prediger das Wort Gottes
verkünden und von Seiner Macht zeugen. Zeit und Papier
reichen nicht mehr, um näher zu schreiben. Montag Mittag
zogen dann die Kinder ab, und meine Kinder hatten aufs
neue die Anstalt zu reinigen. Ich selbst hatte gerade über
diese Zeit tüchtiges Ohrensausen. Was dann nachher kam,
schreibe ich Euch das nächstemal.

Also auf Wiedersehen! Seid allesamt herzlich gegrüßt und
geküßt

Von Eurer dankbaren Luise.

Meine lieben Eltern !

Schon oft und aberoft ist die Post hierhergekommen seit Euer letzter Brief ankam, und obwohl ich sehnsüchtig einen Brief von Euch erwartete, blieb er doch stets aus. Ich hoffe, es geht Euch gut, trotz Eures Schweigens.

Gerade in diesen Tagen und in den letztvergangenen wäre es mir von großem, großem Wert gewesen, ein neueres Schriftstück von Euch, Ihr lieben Eltern, in Händen zu haben; es hat aber nicht sein sollen. Hoffentlich seid Ihr ohne Unfall von Eurer Erholung heimgekehrt und dürft jetzt die guten Nachwirkungen Eurer Kur verspüren. Der Herr gebe, daß Ihr Euch viele Kräfte habt sammeln dürfen für kommende arbeitsreiche Zeit, und Er selbst möge Euch dieselben erhalten. Was machen die Tante, die Brüder, Maria und Lydia, sind alle wohl und munter? Und in Persien, wie steht's dort, ist Hedwig dorthin abgereist? Ihr seht, mancherlei Fragen bewegen mein Herz. Und nicht nur das, auch eine Frage, meine eigene Zukunft betreffend, wurde mir in den letzten Tagen nahe gelegt.

Ich bitte Euch herzlich, laßt mich nun im folgenden der Reihe nach, so gut ich kann, Euch etwas erzählen, das sich innerhalb der letzten 14 Tage zugetragen hat.

Wenn Ihr Euch noch erinnert, schrieb ich Euch in meinem letzten Brief am Schluß: „Was dann nachher kam, schreibe ich Euch das nächstemal." Dieses hier hat aber gar keine Beziehung zu dem, was ich Euch heute mitteilen will. Damals hätte ich Euch von meinem Reislein nach Aburi und einiges aus der Schule erzählt, denn ich hatte am 23. September, dem Datum meines letzten Briefes, noch nicht die leiseste Ahnung von dem, wovon ich Euch heute mittelst meiner Feder benachrichtigen will und soll. Leider ist es uns ja nur möglich, brieflich zu verkehren, um uns das mitzuteilen, was unsere Herzen bewegt, sei es Freude oder Leid.

Es war Montag, der 8. Oktober, also heute vor 14 Tagen. Wie gewöhnlich aßen wir abends 5 ½ Uhr. Ich saß auch einmal still an meinem Platz. Da sagte Frau Zürcher: „Luise, du sprichst ja gar nichts", worauf ich antwortete: „Nun, ich habe gerade nichts gewußt". Frau Zürcher: „Aber ich weiß etwas, ich will dir was erzählen." Ich sagte dann: „So, hab' ich was angestellt?", worauf sie mich beruhigt und sagt: „Nein, nicht daß ich wüßte". Nun freute ich mich auf das G'schichtle und glaubte, es werde gleich losgehen. Doch nichts da; ich sollte erst warten. Nachdem alles bereinigt war, kam Frau Zürcher auf mein Zimmer und setzte sich in meinen Stuhl. Ich hatte schon Licht und war mit dem Richten der Handarbeiten beschäftigt. Ich muß gestehen, ich war ein wenig gespannt, was jetzt wohl kommen werde. Aber das Gespräch kam auf Handarbeitssachen und dergl., das nicht gerade etwas Besonderes war. Als dieses Geschäftliche abgemacht war, merkte ich, daß das Gespräch eine ganz andere Richtung annahm, doch wußte ich gar nicht, wo's eigentlich hinauswollte, konnte keinen Grund oder kein Ziel der gesprochenen Worte finden. Daß die Sache jedoch einen Kern haben mußte, konnte ich daran sehen, daß Frau Zürcher sagte, es werde ihr nicht leicht, mir das sagen zu müssen. Doch da kam auf einmal Frau Weiß, und unser Gespräch wurde unterbrochen und an diesem Abend nicht mehr aufgenommen. Dienstag Vormittag sagte ich gelegentlich zu Frau Zürcher: „Du mußt mir doch vollends erzählen, was du gestern abend angefangen hast". Sie sagte „ja". Nach dem Mittagessen kam dann Frau Zürcher nochmals zu mir, und anstatt auszuruhen, wurde gesprochen. Diesmal kam's auch geschwinder, und Frau Zürcher sagte mir: „Es hat mich jemand gebeten, dich anzufragen, ob du auch Lust hättest, Hausfrau zu werden". Ich war wie aus den Wolken gefallen. Auf diese Frage wäre ich doch jetzt nie und nimmer gekommen, hätte ich sie erraten sollen. Wie erstaunt ich war, könnt Ihr Euch nicht denken, ich war für einige Minuten fast unfähig zum Sprechen. Daß jemand hier mehr als bloße Teilnahme für mich hegen könnte, hatte ich noch nie geahnt. Wer dieser Jemand war, sagte mir Frau Zürcher jetzt noch nicht, ich sollte selbst nachdenken und mich prüfen, erst Donnerstag morgens erfuhr ich's dann. Dies war mir wie ein Schlag aus heiterem Himmel, vollständig unvorbereitet und unerwartet. Und einen Aufruhr in meinen Gedanken hat es gegeben, das war ein Hin- und Herwogen! Und Ihr, liebe Eltern, fehltet mir eben wie noch nie! Wachend und träumend wünschte ich Euch herbei, mein Herz Euch ausschütten zu dürfen, Euren Rat und Eure Meinung zu hören und vor allem mich an Eurem Herzen aussprechen zu dürfen und Euch in Eure Augen zu blicken. Doch es ist und bleibt dies ein eitler Wunsch. Dank dem Gott und Vater im Himmel, dessen freundliche Nähe ich erfahren durfte; ihm habe ich diese Sache so recht kindlich vorgelegt, mit und vor dem Herrn besprochen, und Er hat mir Ruhe in diese große Unruhe geschenkt. Wie gut ist's, daß wir den Herrn haben, wenn wir so fern von unseren nächsten Lieben, dazu so allein, sind. Ich habe ernstlich den Herrn gebeten, mich Seinen Willen erkennen zu lassen, damit ich demselben freudig folgen kann. Ich konnte zu keiner rechten Entscheidung kommen, doch hatte ich nicht den Mut, einfach „Nein" zu sagen; es wäre mir das als mutwillig erschienen.

Donnerstag morgens erfuhr ich den Namen des Fragestellers und hatte schon Frau Zürcher eine bestimmte Antwort geben wollen, da kam mit der Post Donnerstag abends dieser Brief, den ich Euch wörtlich hierher setze:

Akropong, den 10.10.94

Liebes Fräulein!

Halten Sie es meiner Ungeduld zu gute, wenn ich es wage, nun auch auf direktem Weg um Ihre Hand anzuhalten. Vielleicht hätte ich besser gethan, ohne Vermittlung, sofort diesen Weg zu wählen. Da ich aber auch nicht den geringsten Anhaltspunkt dafür hatte, daß Sie meine Liebe erwidern, so fehlte mir, offen gestanden, der Mut dazu, und dennoch läßt es mir keine Ruhe, vielmehr habe ich das Bedürfnis, mich Ihnen gegenüber schriftlich auszusprechen.

Meine Liebe zu Ihnen ist nicht von gestern her. Glauben Sie mir, Luise, schon vom ersten Augenblick meiner Bekanntschaft mit Ihnen, fühlte ich mich sympathisch zu Ihnen hingezogen, und wenn ich auch damals noch nicht wagen durfte, eine tiefere Liebe zu Ihnen zu fassen, so schloß ich Sie doch in mein Herz ein, so weit dies angeht, so lange man noch nicht weiß, ob der andere Teil diese Zuneigung erwidert. Und auch jetzt, da mich die Verhältnisse nötigen, einen eigenen Herd zu gründen und der Zeitpunkt gekommen ist, da es sich entscheiden muß, ob Sie mein sein wollen oder nicht, auch jetzt wage ich nur zaghaft, Sie zu bitten, mir Ihr Herz zu schenken.

Das aber muß ich Ihnen gestehen, daß sich meine Liebe zu Ihnen unter Gebet vertieft hat, und wenn ich mir überhaupt ein Herz fasse, Ihnen meine Liebe zu gestehen und um Ihre Hand anzuhalten, so geschieht dies auf Grund der Überzeugung, wie sie ein Christ bekommen kann, daß eine führende Hand uns zusammenführt. Doch ich will Sie nicht drängen; ist es unseres gnädigen Gottes Wille, daß wir ein Paar werden, so wird Er es Ihnen schon ins Herz geben.

Ich würde im Fall einer bejahenden Antwort von Ihrer Seite natürlich erst noch durch das Komitee bei Ihren Eltern um Ihre Hand anhalten, doch kann ich das ja unmöglich ohne Ihre vorherige Einwilligung.

Sollten Sie sich nicht entschließen können, meine Werbung anzunehmen, so bitte ich, mir ein freundliches Andenken zu bewahren, wie auch ich es Ihnen gegenüber zu thun mich bemühen würde; es soll dann keine Bitterkeit zwischen uns entstehen.

Daß ich für den Fall einer abschlägigen Antwort völlig ratlos wäre, brauche ich wohl kaum zu sagen. Doch mein Herr Jesus, der mich bisher so gnädig geführt hat, wird auch fernerhin meinen Gang ordnen und mein unruhiges Herz in Seine Gnade fassen. Ihm befehle ich meine Wege.

Indem ich Sie um baldige eigenhändige Antwort bitte, verbleibe ich

Ihr ergebener Samuel Rottmann.

Das wäre der Brief. Und was sagt Ihr, meine Lieben, dazu?

So weit kam ich gestern. Es wäre zu spät geworden, hätte ich den Brief beendigen wollen. Und meine Antwort? Die kann ich nicht wörtlich hierherschreiben, das verbieten Zeit und Raum. Nach seinem Wunsch habe ich Bruder Rottmann eine eigenhändige, schriftliche Antwort zugeschickt, habe gesagt, daß ich mich eigentlich zu unerfahren zur Hausfrau halte, daß es einen Kampf koste, meine Stellung zu wechseln, daß aber eine heiße, innige Liebe alles überwinden könne, ferner auch, daß wir uns ja gar nicht kennen, da wir uns nur für Minuten gesehen haben, daß ich die Sache ganz unserem lieben Vater im Himmel anbefohlen habe, schließlich, daß er Euch, Ihr lieben Eltern, anfragen möge.

Das ist, soviel ich weiß, schon geschehen. Der Herr selbst möge auch Euch, Ihr lieben Eltern, in dieser Sache leiten bei Eurem Entschluß und alles zu unserem Besten wandeln. Ich weiß, daß ich Bruder Rottmann lieben kann, wenn Ihr, liebe Eltern, Euer Jawort und Euren Segen geben wollt und könnt. Es ist dies eine wichtige Angelegenheit, doch wollen wir auch hierin sagen lernen: „Des Herrn Wille geschehe!" Ich selbst bin, seit ich die Antwort gegeben, ruhig und kann auch der Antwort von daheim ruhig entgegensehen; denn ich habe in dieser Sache so gut wie nichts gemacht, es kam mir wie ein Blitz aus heitrem Himmel. Freilich kommt's auch auf die Entscheidung des werten Komitees an. Wir alle wollen den Herrn um seinen Segen bitten, und ich bitte Euch insbesondere „gedenket meiner".

Der lieben Tante und den lieben Geschwistern allen meine herzlichsten Grüße, und ich erbitte mir auch ihr Wort und ihre Meinung.

Nun lebet wohl und seid aufs Herzlichste gegrüßt und geküßt

von Eurer dankbaren Tochter Luise.

Meine lieben Alle!

Heute, Sonntagmorgen, erhielt ich nach 1 ½ Monaten einen Brief von Daheim. *(Genesungswünsche werden an die Tante gerichtet; auf die Umstände, die ein Kaminbau im elterlichen Haus bereitete, wird Bezug genommen, ebenso auf weitere Berichte von den anderen Familienmitgliedern, Anm. d. Hrsg.))*

Und unsere liebe Hedwig ist also ausgeflogen ins eigene Nest, und wenn der liebe Gott zu allem Gnade gegeben hat, so sind Nathanael und Hedwig jetzt schon glückliches Ehepaar. Das freut mich recht sehr. Der liebe Gott lasse alles wohl gelingen und mache beide recht glücklich und bringe sie einmal wohlbehalten wieder zurück. (...)

Der liebe Gott lege Seinen Segen auf unser Thun und Lassen und gebe, daß wir thun, wie es Ihm wohlgefällig ist. Wie merkwürdig hat Er uns doch schon geführt! Könnten wir unserem lieben Herren nur auch ganz vertrauen und ganz folgen, dann wäre der Segen gewiß ein größerer.

Also, jetzt haben wir auch Geschwister in Persien drüben, deren wir fürbittend vor Gott gedenken sollen.

Und nun mein lieber Immanuel, habe vielen herzlichen Dank für Deinen lieben Brief. Du hast wohlgethan, daß Du Dir die Ermahnungen von Mutter und Schwester zu Herzen genommen hast, und mir geschrieben; ich danke Dir herzlich, denn Briefe von meinen Brüdern, auch von meinen Schwestern, sind seltene Gäste bei mir. Und jetzt noch meine innigste Gratulation zu Deiner wohlbestandenen Diplomprüfung, zumal als Erster! Ja, da hast Du den lieben Eltern und uns allen eine große Freude bereitet, und Du selbst hast den größten, herrlichsten Lohn Deines Fleißes und Eifers. Siehe, der liebe Gott belohnt treuen, redlichen Fleiß. Und wie wohl wird es jetzt Dir zumute sein, nach aller Arbeit im Herzen die Befriedigung, das süße Bewußtsein, seine Pflicht gethan zu haben. Desto besser schmeckt jetzt auch die Vakanz. Doch wünsche ich Dir keine allzu lange Vakanz, denn unangenehm und unlustig ist es längere Zeit thatenlos dasitzen zu müssen, wenn man gerne in seinem Beruf arbeiten würde. Wo wird Dir das Glück blühen? Darauf sind wir jetzt wohl alle gespannt. Nun, wo es auch sei, überall sei der Herr mit Dir und Du mit Ihm, dann bist Du wohl versorgt.

Lieber Immanuel, nicht wahr? Vergiß den Herrn nicht, bleibe bei Ihm und halte Dich stets an Ihn; lasse Dich nicht durch böse Gesellschaft verführen. Du bist jetzt der zweite Bruder, der selbständig in der Welt dasteht und stolz darauf ist, für sich selbst sorgen zu können. Bei all dem vergiß Deine lieben Eltern und Geschwister nicht, und besonders vergiß den Herrn nicht! Wir Geschwister sind so weit voneinander zerstreut, desto mehr wollen wir uns im Herrn vereinigen und uns bei Ihm einfinden und treulich einander gedenken. (*Es folgen weitere moralische Belehrungen an den Bruder..., Anm. d. Hrsg.*)

Du bist also jetzt Kaufmann. Sage, hast Du auch noch Musterflecke zu vergeben? Du würdest mir mit solchen große Freude machen. Schade, daß Ihr nicht sehen könnt, was wir alles aus Deinen *Asasa* gearbeitet haben. Weißt, die großen, die Du mir einmal zukommen ließest, werden für Kleidchen und Röckchen verwendet, das sieht allerliebst aus, sogar wenn man's von verschiedenen zusammensetzen muß.

Denke nur, Geschwister Fischs kleines Bubele trägt ein solches *Asasa*-Blumenröckchen, an dem er seine größte Freude hat, und mein liebes Patenkindchen hat auch ein solches bekommen. Da fällt mir eben auch etwas ein. Schon vor längerer Zeit schrieb ich in einem Brief, ob Ihr mir dieses Jahr auch Sächlein für meine Anstaltskinder zu Weihnachten schicken wollt. Ich habe nie Antwort darauf erhalten und weiß nun auch nicht, ob ich meinen Kindern zu Weihnachten etwas bescheren kann und darf. Wenn bis jetzt noch nichts von Euch abgesandt worden ist, würde es auch zu spät kommen. *(Luise erkundigt sich nach dem Befinden der Eltern, Anm. d. Hrsg.)*

Mir geht's Gott sei Dank gut. (...) Voriges Jahr habe ich viel nachts geschrieben, jetzt geht das nicht mehr so gut. Arbeit giebt's immer genug, doch geht's. Wißt Ihr, es giebt neben der Schule noch so manches, das besorgt sein soll. Mit der Sprache geht's immer besser. Abends besuche ich die Kinder in der Stadt und gehe ihnen in ihren Häusern nach. Hier ist viel Not und Jammer und leider muß man dastehen und kann nichts thun. Ach, möchte doch auch einmal ein rechtes Pfingsten für unsere Goldküste kommen!

Seit August haben wir einen neuen Lehrplan, der hat viele Arbeit mitgebracht. Deine Rechenbücher, lieber Papa, sind immer noch in Gebrauch und Deine Lieder werden gesungen. Gegenwärtig gebe ich abends Singen. Mit dem Pater habe ich das Lied „Herbei, Ihr Gläubigen" übersetzt und habe es meine Kinder dreistimmig singen gelernt. Das freut sie. Und jetzt lernen wir „Ehre sei Gott" vierstimmig in Deutsch. Ihr solltet's mal hören, mit welcher Freude sie das singen, aber die Aussprache lässt viel zu wünschen übrig.

Ich bin allein hier im Haus; Geschwister Zürcher sind seit 8 Tagen auf den Bergen. Es ist ganz entsetzlich heiß. Die Hitze drückt und macht müde. Ihr werdet schon kalt haben.

Nun behüt Euch Gott! In herzlicher Liebe, mit Gruß und Kuss,

Eure dankbare Luise

Meine Lieben Alle!

Trotzdem es arbeitsreicher Montag ist, setze ich mich heute abend doch hin, um Euch, Ihr meine herzliebsten Eltern, Tante und Geschwistern, noch einen Gruß vom fernen Africa zu senden. Wenn irgend möglich, möchte ich den Brief morgen abend mit der GA-Post fortbringen.

Im Geist versetze ich mich in Eure Mitte, Ihr meine Lieben. Unser Familienbild hat immer noch seinen alten Platz, oft und aber oft suchen meine Blicke daßelbe auf, um dort für längere oder kürzere Zeit zu verweilen, je nachdem es eben gerade die Tageszeit und die Arbeit erlauben. Und heute abend blicke ich Euch auch wieder an, eins ums andere nach seinem Befinden und Wohlergehen fragend. Von denen auf unserem Bild fehlt eines und das andere in Eurer Mitte. Aber bald kommt wieder die wunderbar schöne , die herrlichste Zeit, da sich jedermann, wer es nur bewerkstelligen kann, im lieben Elternhaus einfindet. Die anderen, welchen das Kommen und Teilnehmen an der Festesfreude ein Ding der Unmöglichkeit ist, gedenken Eurer in herzlicher Liebe und Dankbarkeit und sind im Geist Eure ungesehenen Gäste. Das Liebesband und die Gemeinschaft im Herrn und Gebet reicht zu unser aller Freude weit, weit, auch über Meere hin, und dieses wollen wir immer stärker machen, zwischen Schlaitdorf, Persien, Kamerun und der Goldküste. Ja, ist es denn wahr, daß die liebe Weihnachtszeit schon wieder nahe vor der Thüre steht, daß man schon wieder die herrlichen Weihnachtslieder von Jung und Alt singen hört? Uns hier, im heißen Africa – mit Recht kann man gegenwärtig vom heißen Africa sprechen – umflutet tagtäglich seit einigen Wochen praller, blendender Sonnenschein, eine Hitze ist überall, daß man sich manchmal etwas Kühle von Euch wünschen möchte; doch wir müssen schon noch Geduld haben, bis der *Harmatan* mit seiner Morgen- und Abendkühle kommt. Schon morgens ist's sehr heiß, wir spüren's namentlich auch in der Schule, wo's zwischen 11 und 12 und nachmittags von 2 bis 4 Uhr eigentlich nimmer schön ist, trotzdem Fenster und Thüren geöffnet sind. Sogar unseren Schwarzen, welche ja sehr notdürftig gekleidet sind, wird's allmählich zu bunt, und uns Europäern sind die leichtesten, hellsten Kleider nachgerade lästig. Doch so soll's ja in Africa sein, man stellt sich's so vor und wundert sich, wenn es anders ist. Es macht auch nichts, ein wenig Schweiß und Hitze, man ist hintendrein desto froher und dankbarer an einem kühlen Lüftchen. Hier giebt's noch wenige blühende Rosen, wenn's noch einmal regnete, würde es schon noch länger mit ihnen gehen, so aber ist's zu trocken und sie fallen aus, ehe sie recht in voller Blüte sind.

Wie wird's auch wieder so nett zu Weihnachten bei Euch sein! Zu diesem schönsten aller Feste sende ich Euch heute abend noch meine herzlichsten Grüße, und von ganzem Herzen wünsche ich Euch Lieben allen ein recht gesegnetes, frohes Weihnachtsfest. Die schönste, beste und größte aller Gaben hat uns unser lieber Gott in Seinem lieben Sohn, unserem hochgelobten Herrn und Heiland, geschenkt. (....)

Immanuel, Theophil und Lydia werden heimkommen, die bringen Leben mit in Euer Pfarrhaus, wenn's dort jetzt etwa daran fehlen sollte. Diesmal fehlt Hedwig, welche voriges

Jahr noch bei Euch war. Jetzt sind Nathanael und Hedwig hoffentlich ein glückliches Ehepaar, der liebe Gott möge es geben!

Ich frage mich, wie wird Weihnachten diesmal für uns sein? Ich feiere ja dieses Fest zum erstenmal hier in Abokobi. Werde ich's mit meinen Anstaltskindern auch in solch fröhlicher, ungetrübter Weise feiern dürfen wie voriges Jahr in Odumase? Möchte doch jedes Weihnachtsfest reiche Früchte bringen für Zeit und Ewigkeit, möchten besonders auch aus den Heiden Neue herzukommen!

Ihr habt wohl die Briefe erhalten, welche Euch sehr überrascht haben werden. Ja, und was sagt Ihr dazu, dürfen wir auf Euer Jawort und Euren Segen hoffen? Daß wir uns sehr auf Antwort freuen und darauf warten, was das werte Komitee und Ihr, meine lieben Eltern, zu dieser unserer Sache sagen werdet, könnt Ihr Euch selbst denken. In Ungewißheit zu sein, ist ja immer ein unangenehmer Zustand. Wir hoffen, wir bekommen bald eine Antwort und zwar die erwünschte. Könnt Ihr Euch's denken, wenn ich einmal nicht mehr allein hier außen in Africa lebte, sondern mit jemand, der mich und ich ihn von Herzen liebt? Ja, ich soll hier eine Heimat finden, eine liebe Heimat, welche ich während meines Hierseins so oft entbehrt und vermißte. Nichtwahr? Dieser Gedanke ist neu, man muß sich erst daran gewöhnen. Wenn Ihr, meine lieben Eltern, damit einverstanden seid, so müßte ich freilich Euch noch um vieles bitten, manches müßte ich noch haben. Denn das, was ich mit hierhergebracht habe, würde nicht reichen, auch ist verschiedenes schon verbraucht und reparaturbedürftig, namentlich meine Kleider. Ich schreibe davon jetzt schon, weil ja ein Brief so lange Zeit braucht, und bis man sich gegenseitig antwortet, verstreichen oft mehr als 2 Monate.

Wollt Ihr dann so gut sein und mir darüber schreiben, wie und was Ihr zu thun gedenkt, im Fall Ihr Euch entschließen könnt, Euer Jawort zu geben. Doch das muß ich Euch, Ihr lieben Eltern, gestehen, daß bei mir während meines Hierseins ein sogenanntes „Geldaufstecken" nicht vorgekommen ist und nicht vorkommen konnte. Ich mußte gleich zu Anfang manches Notwendige anschaffen, und die Verwilligung ist ja nicht gerade viel, was auch nichts macht, wenn's nur reicht. Wenn es nötig ist, wird Basel zum zweitenmal aushelfen? Als ich herauskam, gab ja Basel das Geld zur Anschaffung dessen, wozu meine eigene Einnahme nicht gereicht hat. Meine lieben, teuren Eltern, nehmt mir's nicht übel, bitte, wenn ich darüber spreche, aber ich weiß, Ihr hattet schon so viele Ausgaben und habt immer noch große Ausgaben, so möchte ich Euch dieselben nicht noch erhöhen. Im Gegenteil möchte ich helfen, wo ich kann und was ich kann. Wenn Ihr diesen Brief erhalten habt und Ihr könnt uns mit „Ja" antworten, so seid Ihr vielleicht so gut und schreibt auch darüber, besonders, was Du, liebe Mama, zur Anschaffung notwendig findest. Ich werde dann, wenn wir von Basel einmal Antwort haben, selbst genau nachsehen und schreiben.

Vorerst habe ich noch ganz und gar meine Schule und meine Kinder und habe täglich Arbeit in Hülle und Fülle. Bruder Rottmann ist ja an der Mittelschule in Akropong; ich käme also wieder in ganz unmittelbare Nähe einer Schule, fände meine Arbeit dann auf den Bergen und müßte *Tshi* lernen. Es käme demnach manches Neue für mich, und zu lernen gäbe es viel, wozu ich namentlich die kommenden Januarferien anwenden würde. Ihr, meine lieben Eltern, ja, Ihr Lieben alle, bitte, gedenkt meiner und betet für mich, ich hab's so sehr nötig. So gewiß ich's weiß und eine innere Stimme mir sagt, daß ich Bruder Rottmann lieben kann und ihn schon jetzt innig liebe, so gewiß weiß ich auch und fühle es, daß es ein wichtiger Schritt, ja der wichtigste Schritt in unserem Leben ist, den wir zu machen gedenken. Aber wir wollen ihn mit Gott und unserem Herrn Jesu machen, und wenn wir Gott zu unserem Leitstern wählen, dann wird's wohl gehen in Freud' und in Leid. Daß wir auch jetzt so weit auseinander sind, Ihr Lieben! Wenn Ihr so gut sein wollt und mir sobald als möglich ein Postpaket schicken würdet, wäre ich Euch sehr dankbar. Natürlich muß aber das Wetter gestatten, daß Ihr Einkäufe machen könnt. Ich sollte wieder Schuhe haben; ich will mich mit denselben nicht so weit hinauslassen, bis ich am letzten Paar zu tragen bin. Die braunen Segeltuchschuhe mit den braunen Lederstreifen haben mir gut gepaßt und sind auch nett. Könnt Ihr Euch dieselben noch denken? Giebt's solche auch in grau mit schwarzen Lederstreifen? Wir haben manche Arbeit, wozu mir das Material nicht reicht. Ich lege noch ein Verzeichnis von dem, was ich möchte, und Muster bei, wollt Ihr dann so freundlich sein und mir die Sachen senden. Ich brauche auch Garn zum Strümpfeflicken und Anstricken. Wenn man alles so strenge braucht, viel gehen und arbeiten muß, dann merkt man einen 2jährigen Aufenthalt in Africa seinen Sachen an. Man muß auch so oft und viel waschen, dazu bleicht die Sonne. Ihr solltet mal zu mir hereinsehen können, ob's Euch in meinen Kasten und in meiner Kiste nicht gefällt, ich halte fein Ordnung.

Nun allen „B'hüt Euch Gott!" In herzlicher Liebe mit Gruß und Kuß

Eure stets dankbare Luise.

Abokobi, den 25. Nov. 1984

Meine lieben, teuren Lieben!

Kaum habe ich letzten Dienstag Abend den großen Brief
an Euch abgeschickt, so setze ich mich schon wieder hin, um
Euch, meine inniggeliebten Eltern, Tante und Geschwister,
wieder zu schreiben. Und warum denn so schnell? Ja gewiß,
meine Gedanken waren sehr auf die Post gerichtet, Du hast's
gut erraten, lieber Papa, mit dem Gedankenlesen bist Du
scheint's gut vertraut. Und diesmal brachte mir die Post
letzten Mittwoch Morgen einen lieben, lieben Brief, dem ich's
von ferne ansah, woher er kam. Ob er mich freute? Ach, so
ein Brief aus der lieben Heimat thut gut, er erfrischt Leib und
Seele. Und was ich da lesen durfte! Schade, daß Ihr nicht
dabei wart, während ich las. Ich war mutterseelenallein, doch
während des Lesens fühlte ich dies nicht, da lebte ich ganz
bei Euch in Eurer Mitte. Und lachen mußte ich, oftmals ganz
laut vor mich hin, lachen vor lauter Glück und Freude. Eine
ganze Welt von Liebe strömte mir aus Euren lieben Briefen
entgegen; wie soll ich's Euch danken. Eure Liebe und
Freundlichkeit ist's, welche mich wiederum so glücklich
macht, daß ich meinen lieben Kindern zu Weihnachten bescheren darf. Meinen innigsten, wärmsten, herzlichsten Dank
Euch und den lieben Freunden, welche durch ihre freundlichen Geldbeiträge zur Weihnachtsbescherung geholfen haben. Dir, liebe Mama und liebe Maria, besonders vielen Dank
für Eure große Mühe beim Einkaufen, Herrichten und Verpacken. Des Herrn reichen Segen und reiches Vergeltsgott
erflehe ich von Ihm über und für Euch alle. (....)

O, wie ich mich freue auf Weihnachten, so recht kindlich darf ich mich freuen und hoffe, es wird ein gesegnetes Weihnachtsfest geben, dessen Segen nicht nur einen, sonders alle Tage des kommenden Jahres fühlbar sein möge. Ich hoffe, Eure Kistchen kommen gut an; ich habe schon an Bruder Aeppler geschrieben und ihn gebeten, anfangs Dezember auf dem Zollamt nachsehen zu lassen, ob etwas für mich dabei sei. Das hat seine guten Gründe, denn es ist fast unglaublich, was mit solchen Sendungen oftmals von den englischen Zollbeamten angefangen wird. Und welche herrliche Freude wird es für mich sein, die Pakete zu öffnen und deren Inhalt beschauen und betrachten zu dürfen. Ja, Maria ist eine Erzkünstlerin in Puppensachen, so kann ich's eben nicht. Aber ich will mir alle Mühe geben, daß ich alles recht nett herrichte. Voriges Jahr waren alle in Odumase zufrieden und erfreut, sogar Geschwister Irsenhans waren ob meines selbstgefertigten Puppenstübchens aufs herzlichste ergötzt. Was man eben nicht von selbst besitzt, muß man sich erringen und erkämpfen; und ich glaube sagen zu dürfen, ich habe auch in diesem Stück hier schon etwas gelernt. Aber wie Maria, nein, sie übertrifft viele mit diesem ihrem feinen Geschick. Wenn die Sachen erst da sind, will ich's auch probieren und Euch dann schreiben, wie ich's gemacht habe, ob Ihr dann zufrieden mit mir seid? Ich hoffe es, denn oft und aber oft denke ich in meinem Herzen, ob Ihr, meine Lieben, mit diesem oder jenem zufrieden wäret, und dann denke ich mir's allemal so, als würdet Ihr hereinsehen und meinem Thun und Handeln zusehen. Wie würde ich mich freuen, könnte dies in Wirklichkeit geschehen und Ihr wäret z.B. nur auch einige Stunden bei mir. Mein Zimmerchen ist klein, aber Ihr hättet schon Raum, und ich hoffe, es würde Euch gefallen. (....)

Daß Du, liebe Mama, mir auch etwas Nützliches gekauft hast, freut mich sehr, und ich danke Dir von ganzem Herzen. Daß die Tücher unseren Mädchen gefallen werden, glaube ich gewiß, Du kennst ja ihren Geschmack. Mit nützlichen Dingen ist uns noch am meisten geholfen. Du meinst, ob ich's in unserer Factory besser bekomme? Nein, gewiß nicht, denn unsere Factorei bietet in Stoffen nicht gerade viel, deshalb muß man vieles von daheim kommen lassen. Ich wollte mir z.B. ein Baumwollflanellkleid für den Morgen und kühlere Abende machen, d.h. eines an einem Stück, aber sie haben keinen ordentlichen Baumwollflanell und anderen Stoff, z.B. richtigen Flanell, wollte ich nicht haben. Auch sonst giebt es nicht viel oder etwas, das uns Europäern gefällt.

Also Nathanael und Hedwig sind jetzt glückliches Ehepaar, das ist eine Freude! So habe ich an Nathanaels Geburtstag nicht umsonst so viel an die Beiden gedacht; man kann doch je und je etwas ahnen, und das ist gut und erfreulich. Ja, Nathanael ist sich zäh, das ist ein gutes Erbstück von Dir, lieber Papa, und wir alle haben davon etwas abbekommen. Man kommt zu nichts, wenn man sich weichlich ist. Aber nach Weihnachten lasse ich mich nicht den Berg hinauf tragen, das ist bei mir noch nie vorgekommen, ich bin stets hinaufgelaufen. Es giebt jedoch auch vieles Schwere hier, was viel Mühe und Not, manchen schweren, heißen Kampf erfordert, das habe ich oft erfahren.

Nun allen glückliche Weihnachten und guten Jahresschluß und –anfang! Mit vielem innigen Dank und vielen herzlichen Grüßen und Küssen bin und bleibe ich stets

Eure Euch herzlichliebende, dankbare Luise

Brief von Samuel Rottmann

Abokobi, den 3. Dezember 1894

Liebe Eltern und Geschwister!

Ihr erlaubt wohl, daß ich Euch so anrede, denn was Ihr meiner lieben Luise seid, seid Ihr fortan auch mir.

Am letzten Samstag, dem 1. Dez., erhielten wir die telegraphische Nachricht von Basel, das uns Euer und des Komitees Einwilligung zu unserem Bunde brachte und demzufolge wir uns nun als Braut und Bräutigam präsentieren. Ich weiß nicht, ob Ihr mich noch in Erinnerung habt. Ich erinnere, den lieben Papa und die liebe Maria vor einigen Jahren in Ebingen bei der Ordination zweier Brüder gesehen zu haben. Ob die liebe Mama auch dabei war, weiß ich nicht mehr genau. Jakobine war damals Braut und im Begriff, zu ihrem Bräutigam nach Kamerun zu reisen. Seither sind 5 Jahre verflossen. Ich habe meine damals noch übrigen 3 Jahre im Missionshaus absolviert, und nachdem ich Pfingsten 92 mit noch einem Klassengenossen ebenfalls in Ebingen ordiniert worden war, wurde ich im August hierher ausgesandt, ohne daß ich wieder mit irgend einem von Euch zusammengetroffen wäre. Nach einem ¾-jährigen Aufenthalt in Aburi, wo ich mich hauptsächlich dem Sprachstudium widmen konnte, wurde ich nach Akropong an die dortige Knabenanstalt versetzt. Es würde Euch wenig interessieren, wollte ich alles aufzählen, mit was ich mich dort zu beschäftigen hatte. Es genügt zu sagen, daß ich mich in Akropong in unser Schulwesen einzuarbeiten die beste Gelegenheit hatte. Die

Knabenanstaltsschüler zählen mit den Freischülern, die allerdings bei weitem die Mehrzahl bilden, an die 200 Schüler: Knaben und Mädchen. Erst vom 5.Schuljar an werden sie getrennt, und die Mädchen bilden unter einer Lehrerin eine Mädchenschule für sich. Nachdem ich 1 Jahr an der Knabenanstalt gewesen, machten die Verhältnisse meine Versetzung an die dortige Mittelschule notwendig. Mein Vorgänger, Pfarrer Hirsmüller, war wegen Krankheit seiner Frau genötigt, nach Hause zurückzukehren. So wurde ich zu seinem Nachfolger vorgeschlagen. Diesen Ruf, der späterhin vom Komitee bestätigt wurde, habe ich mit Freuden angenommen, und da es die Verhältnisse erlaubten, so war es gut, daß meine 2 Jahre Probezeit zu Ende waren und ich wagen durfte, um Heiratserlaubnis zu bitten. Daß ich dabei vorher die Gelegenheit hatte, die Bekanntschaft Eurer und jetzt meiner Luise zu machen, betrachte ich als eine freundliche Schickung unseres lieben Vaters im Himmel. Zwei Monate sind es nun her, seit ich mich ihr gegenüber erklärt habe, und nun sehen wir beide einander als Braut und Bräutigam am Ziele unserer Wünsche, und wer weiß, vielleicht sind wir in 2 – 3 Monaten ein glückliches Ehepaar. Daß ich bei der Sendung einer Nachfolgerin um Eile gebeten habe, wird jeder verstehen, der die Verhältnisse hier kennt.

Es sind jetzt 100 Schüler an meiner Mittelschule, da weiß der liebe Papa ja aus eigener Erfahrung, daß es Arbeit genug giebt. Da hat man keine Zeit, sich mit Haushaltskram zu befassen. Wohl esse ich zu Mittag und Abend bei meinen Geschwistern und damit ist mir auch viel Scrererei erspart, so hat es auch seine Schatten, indem ich regelmäßig auf bestimmte Zeit von Hause fort muß, was für die Schüler zu wissen nicht gerade gut ist, ferner die Hin- und Herlauferei in der Mittagshitze. Die Mittelschule ist nämlich allein gelegen am Ende der Stadt in fast ländlicher Umgebung und 5-10 Minuten von der Station zu den anderen Europäerhäusern entfernt.

Nun, wir wollen hoffen, daß es dem werthen Komitee gelingen möge, bald eine Nachfolgerin zu finden. Ich bin nun erst seit 3 Tagen hier auf Besuch bei meiner Luise, aber ich fühle je länger je mehr, was für einen Schatz ich an ihr bekommen habe und möchte Euch, liebe Eltern, hiermit noch meinen herzlichen Dank dafür aussprechen, daß Ihr die Freudigkeit gefunden habt, sie mir zu geben und verbleibe Euch alle herzlich grüßend

Euer aller Samuel

Der junge Samuel Rottmann

Meine lieben, teuren Eltern und Geschwister!

Da soll ich, oder eigentlich wir sollen Euch heute noch schreiben; denn zum 2. Mal die Post vorbeigehen zu lassen, ohne einen Brief an Euch mitzugeben, wäre nicht recht.

Soll ich Euch nun erzählen, wie und was alles gekommen ist? Kurz, mit wenigen Worten will ich's Euch melden: ich bin glückliche, sehr glückliche Braut. Da sitzt mein lieber, lieber Schatz, mein teurer Samuel, und schreibt auch an Euch, die Ihr nun auf der Goldküste 2 Kinder und 2 Geschwister habt. Nichtwahr? Das ist schnell und unerwartet gekommen.

Jetzt will ich Euch doch noch ein wenig genauer schreiben und erzählen. Letzten Sonntag haben wir ja das Adventsfest gefeiert, mit welchem wir und Ihr ein neues Kirchenjahr begonnen haben. Glaubt Ihr, ich hätte am Morgen dieses Tages, als ich mich kurz nach 5 Uhr von meinem Lager erhob, im geringsten geahnt, was dieses Adventsfest mir bringen sollte, welches Glück meinem Herzen bevorstand! Also wie an jedem anderen Sonntag hab' ich gethan, mich selbst und anderes sonntäglich gerichtet, auch nach der kranken Frau Zürcher gesehen etc.. Nach 7 Uhr morgens ging ich zu Frau Weiß zum Frühstück – ich esse nämlich immer noch drüben. Frau Weiß ist mir nämlich eine liebe, mütterliche Freundin, und sie sagt, die Post habe scheint's gar nichts gebracht, was ich bestätigte. Nachher gehe ich auf mein Zimmerchen zurück und sehe auf einem der Fenstersimse einen Brief, glaube aber, es wäre nur das geöffnete Couvert von einem früheren Brief, gehe aber doch hin, und richtig, es ist ein Brief von Christiansborg, adressiert von Papa Rottmann. Ich öffne schnell und lese, daß ein Telegramm von Basel gekommen sei und das geehrte Komitee mit unserer Verbindung einverstanden sei. Daß mein Herz schneller pochte beim Lesen dieser Nachricht, brauche ich wohl kaum zu sagen. Mit diesem Brief ging ich nun sogleich zu Geschwister Zürcher, um ihnen mitzuteilen und Mitgenossen meiner Herzensfreude zu haben. Und in der That, sie haben mir von Herzen gratuliert und Gottes reichen Segen gewünscht. Nachher mußte ich in die Schule, um mit den Kinder zu singen, denn wir hatten vor, in der Kirche zu singen und das *„Wo dsielo Jesu Christo"* etc. klang dann frisch und fröhlich von den Kinderlippen zu Gottes Ehre, und viele Leute haben es in der Kirche gehört. Wir sangen's nach der Melodie, welche Du lieber Papa, uns einst lehrtest. Nach der Kirche ging ich dann zu Frau Weiß. Da kam ein Knabe und sagte: „Mr. Sam ist gekommen".

Nachher kommt ein Mädchen und ruft mich; ich eile hinüber, gehe unten durch und auf mein Zimmerchen. Kaum hatte ich den Hut abgelegt, da höre ich Männerschritte, und unter der Thüre erscheint mein lieber Sam und ----

Ja, meine lieben teuren Lieben, habt herzlichen Dank für Euer Jawort. Wir sind glücklich in unserer Liebe, und der liebe Gott wird uns Seinen Segen nicht versagen. Sam ist noch hier. Wir wollten nach Osu zu Sams Eltern, aber es ging anfangs der Woche nicht. Ich weiß, daß Ihr Lieben Alle Euch von Herzen mitfreuen werdet an unserem Glück.

Der Herr schenke Euch reichgesegnetes Neujahr. Er schenke Euch Gesundheit und viel Freude und walte über uns und Euch mit seiner Gnade!

Und nun seid innig gegrüßt und geküßt von

Eurer glücklichen Luise

Meine herzlichgeliebten Lieben Alle!

Schon an der Ortsangabe seht Ihr, wo sich Eure Luise befindet, und bei wem sie ist, darf ich Euch kaum sagen. Ja, Ihr meine Lieben, etwas, was ich während meines seitherigen Hierseins sehr, sehr vermißte, durfte ich unverhofft finden und darf's mein eigen nennen: eine liebe, teure Heimat! Darf nun wieder Papa und Mama sagen, diese unsagbar lieblichen Namen sind nun auch wieder für mich da; sie erfreuen mich, und wie gerne spreche ich dieselben aus.

den 8. Dezember

Gestern kam ich nicht weiter. Also seit letzten Donnerstag Abend 7 Uhr befinden wir, mein lieber Sam und ich, uns hier bei den lieben Eltern in Osu (*Christiansborg, Anm.d. Hrsg.*). Es ist eine schöne Reise gewesen von Abokobi hierher, nicht allein, sondern zu zweien. Wie so leicht und wohlgemut ließ sich's da reisen der Küste entgegen, wohin ich seit meinem Abgang vorigen Jahres nicht mehr gekommen bin. Papa und Mama haben uns aufs herzlichste und liebenwürdigste aufgenommen, und ich genieße mit vollen Zügen das große Glück, eine liebe Heimat zu besitzen. Schade, daß Ihr, meine Lieben, nicht hereinsehen könnt und uns in unserem Glück und unserer Freude sehen, wie oft denken wir an Euch und sprechen von Euch Lieben.

Wie's hier an der Küste zu gehen pflegt, wißt Ihr wohl aus eigener Erfahrung. Gestern Vormittag machten wir hier und in Salem unsere Besuche bei den Geschwistern; wir sahen mehr, als gewöhnlich hier sind, denn aus Anlaß der in dieser Woche hier abgehaltenen Konferenzen waren die Brüder Irsenhans und Deuber von Odumase und ein Bruder aus Ada hier, auch sind zwei neue Brüder angekommen. Nachmittags waren wir in Accra bei Geschw. Aeppeli und den übrigen Brüdern, haben dort zu Abend gespeist und dann bei Geschwistern Thal den Thee getrunken. Heute vormittag waren wir nochmals in Accra, wo ich in der Factory meine verschiedenen Besorgungen für die Anstalt machte. Es ist rührend, welche herzliche Freude und Teilnahme wir von allen Geschwistern erfahren dürfen; jedermann gratuliert uns mit ungeheuchelter Freude und Herzlichkeit. Daß das Besuchemachen, namentlich bei der großen Hitze, aufregend und anstrengend ist, brauche ich wohl nicht zu sagen; abends fehlt's nicht an Müdigkeit, wenn Schlaf in die matten, müden Augen einkehren will. (...)

Abokobi, 11. Dezember

Jetzt bin ich also wieder hier und zwar allein. Will Euch nun noch in kurzem vollends erzählen. Samstag Abend waren wir dann bei Geschwister Dietrich beim Abendessen eingeladen, nachher war Begrüßung der neuangekommenen Brüder und Gebetsstunde bei Geschwister Schopf. Als wir am Abend miteinander heimkehrten, wußten und fühlten wir es, daß nun der letzte Tag in der Heimat kam, denn Montag früh mußten wir abreisen. Der Sonntag, der 2. Advent, brach äußerst lieblich und freundlich an. Ich spielte auf dem Harmonium, und Sam und ich sangen zusammen. Nachher gingen wir in die Kirche, wo

Bruder Irsenhans predigte und machten in der Stadt einen Besuch. Gegen Abend etwa 5 Uhr machten wir zusammen einen Spaziergang am Strand und noch einen Besuch bei Bruder Bächtle. Nach dem Abendessen gab's dann ein Weilchen genug zu thun: es sollte Verlobung gefeiert werden, wozu sämtliche Geschwister von Osu und Accra eingeladen waren. Und in großem Geschwisterkreis haben wir dann im lieben Elternhaus liebliche Verlobung gefeiert; denkt, wir waren im ganzen 22 Personen. Dabei wurden verschiedene Reden gehalten und mehrere „Hoch" ausgebracht, und auch auf Euer Wohl, Ihr lieben Eltern, wurde getrunken, wir haben Eurer gedacht, und im stillen wünschte ich mir Euch Lieben auch herbei, um Euch in die lieben Augen blicken zu dürfen. Gesungen wurde auch von den Brüdern, und der Abend verging in der lieblichsten Weise. Um 10 Uhr trennten wir uns, und nun galt es auch, von den lieben Eltern Abschied zu nehmen. Doch, will's Gott, dürfen wir uns in den Ferien wiedersehen, denn diese wollen Sam und ich bei ihnen zubringen.

Frühmorgens 3 ½ Uhr verließen wir die Heimat und kamen schon vor 8 Uhr wohlbehalten hier an, ich, um hier meine Anstaltsarbeit fortzuführen, Sam, um mittags nach Aburi weiterzureisen und Dienstag morgens in Akropong einzutreffen. So haben wir gestern Mittag nach 2 Uhr Abschied genommen; unser erstes Beisammensein als Bräutigam und Braut war ein gar liebliches, und will's Gott, werden wir immer glücklicher; mit und in Gott, im Aufblick zu ihm sind wir in unsere Brautzeit eingetreten. Nun gilt es aber auch weiterzudenken. Wenn mit Geschwistern Seeger im Januar eine Nachfolgerin kommt, so hätten wir Mitte Januar Hochzeit und zwar bei den lieben Eltern in Osu. Dürfte ich Euch, Ihr lieben Eltern, bitten, mir Hochzeitskleid, Schleier und Kranz so bald als möglich zu senden, auch das Bräutigamssträußchen dazu, und was sonst noch dazu gehört, das wisset Ihr besser als ich. Du, liebe Mama, weißt auch am besten, was für ein Kleid gemacht werden soll; ich denke ein weißbaumwollenes, bitte <u>kein</u> wollenes Hochzeitskleid. Ist mein liebes Schwesterlein Maria vielleicht so gut und freundlich und richtet mir meinen Hochzeitsstaat? <u>Wie sehr</u> ich ihr dafür dankbar bin, kann ich gar nicht sagen. Ihr alle, meine Lieben, nehmt meinen herzlichsten Dank für alles, was Ihr auch in dieser Zeit für mich thut. Der Herr vergelt Euch Eure Liebe! Ich sage Hochzeitsstaat, das ist ja der gewöhnliche Ausdruck; aber Ihr wisset schon, daß ich's gern einfach habe, bitte, nur keine Schleppe! Und bitte, legt also auch für meinen lieben Sam bei, was nötig ist zur Hochzeit.

Jenes Paket mit den Hochzeitssachen werden wir dann in Osu bekommen, bitte, seid so gut und macht ein extra Postpaket, damit wir's zeitig genug erhalten. Kommt niemand mit Geschwister Seeger, so warten wir natürlich, und die Hochzeit findet später statt.

Stärker geworden bin ich nicht; ich denke, Maria kann mein ehemaliges Taillenmuster benützen, das vom vorigen Jahr.

Denkt mal, das Kistchen mit den Gutsle ist letzte Woche angekommen. Wir haben davon bei der Verlobung aufgewartet, und allen haben sie herrlich gemundet. Habt vielen herzlichen Dank dafür. Ein weiterer Brief folgt bald, darin ich wegen anderer Sachen schreiben werde, was ich noch nötig habe.

Sam trug mir herzliche Grüße an Euch auf.

In herzlicher Liebe mit innigem Gruß und Kuß

Eure stets dankbare Luise.

Im April 1895 heiraten Luise und Samuel.

Doch davon ein andermal mehr.

Basel, den 29. März 1893.

Liebe Eltern u. Geschwister!

So wäre ich also glücklich in Basel
angekommen, u. da sind nun sage ich euch
noch einmal ein herzliches "Behüt' euch
Gott" u. recht herzlichen Dank für alle
eure Liebe, welche ich namentlich in der
letzten Zeit noch so reichlich von euch erfahren durfte. Der l. Gott segne euch
u. schenke euch Allen gute Gesundheit,
damit wir einmal ein frohes Wiedersehen feiern dürfen.

Und nun möchte ich euch so gut als
möglich alle meine Erlebnisse erzählen,
von da an, als ich euch gestern
früh verließ. Nach der glückl.
Ankunft in Neckartailfingen — Nürtingen
hat euch wohl Schmid gestern abend
berichtet. Als Immanuel u. Sch. auch
fort waren, fühlte ich erst, daß ich nun
wirklich allein sei. Doch meine heitere
Zeit währte nicht lange. In Tübingen

aus unserem eigenen Vorrat gütlich thaten.
Du, l. Mama, hast mich wirklich gut mit
Essen versorgt. Das ganze Fläschchen
Wein sowie Torte u. kleines Backwerk
habe ich alles sicher gebracht. Würstchen
u. Gezelhöschen half mir der kleine Theodor
verzehren. Ich hatte gestern wenig Appetit.
Den Wein nehme ich mit für die Reise nach
Hamburg, freilich betrachte ich ihn das
nette Fläschchen nicht wieder. Jedenfalls
werde ich's aufbewahren. — Den Trum-
dingen zeig's die weiter über Thüringer-
Waldschul — Bahnl. Diese Strecke brachte
einige Schwere mit sich, besonders als
wir ins Rheinthal kamen. Abends 4,7
fuhren wir in den badischen Bahnhof
ein. Hier war ein Inspektor mit einigen
Anderen z. begrüßen uns. Eng Main-Friedrich
nahm meinen Koffer u. wie nett ging's
mit dem Zoll. Ich hatte nämlich mit dem Inspektor
geredet. Friedrich ging mit meinem
Koffer voraus, u. ich sah mir noch, wie
der Zollbeamte t. Fr. einige Worte wechselte,
ihn Zeichen nach meinem Koffer machte u.
Fr. passieren ließ. Mein Koffer wurde nicht
geöffnet, den Schlüssel hatte ich. Nun ging's

zu Familie. Dem Missionshaus zu - Herr
Inspektor hatte einen gemiethet. Ihm entgegen
wurde ich von Frl. Gruner sehr freundlich
empfangen u. mit einer Tasse Kaffee bewir-
thet. Jetzt mußte ich mich ein wenig zurecht
machen zur Abendandacht. Ich wurde nie
gut fertig u. lernte verschiedene Frl. Da-
...ich u. Herrn Missionars F. kennen. ...
...theile ich später noch mit. Um 7 Uhr war die
Abendandacht im Betsaal. Zum Anfang sang
...wir das Lied No. 152. Hr. ... redete über
Matthäi 16, 21-25. Es redete sehr recht u. ...
...weldt's uns im ... lassen. — Wi...
...schnell fortgehen. Nach einer ziemlich guten
Nachtruhe mußten wir, Frl. ... sich
...und heute früh uns besuchen gegangen
bei Herrn Kahn, den Herrn ... Fr...
u. bei Missionar ... welche sich herzlich
grüßen lassen. Zum Mittagessen waren wir bei
Herrn Inspektor eingeladen u. um 3 Uhr
zum Kaffee bei Herrn ... u. heute ab-
zu den Kinn zum Nachtessen. Heute abend um
3/4 6 Uhr war unsre Abendandacht am ...
Da wurde es einem recht feierlich u. recht zu
Muth, u. obwohl ich sehr gern noch länger be...
...euch gewesen wäre, so war es mir leid

Luises Familie

Luise Zerweck wurde geboren am 22.07.1870. Sie wuchs auf in Schwaben als Tochter des Pfarrers Gottlieb Zerweck und seiner Frau Katharina Luise, geborene Ruoff.

Luises Eltern hatten 1868 in Aburi (Goldküste) geheiratet, wo Luise auch geboren wurde. Sie hatte 6 Geschwister: Johannes (später Missionar in Kamerun), Nathanael (später Missionar im damaligen Persien), Immanuel, Theophil, Maria und Lydia.

1895 heiratete Luise den 1866 geborenen Missionar Samuel Rottmann in Afrika. Sie lebten bis 1905 im heutigen Ghana und kehrten dann nach Europa zurück. Luise stab 1954, etwa drei Jahre nach ihrem Mann.

Die Basler Mission

Die Evangelische Missionsgesellschaft Basel (Basler Mission) ist eine der ältesten Missionsgesellschaften Europas. Sie wurde 1815 gegründet, eröffnete ein Jahr später das Missionsseminar und entsandte 1821 die ersten Seminaristen in den Kaukasus. 1828 beginnt die Missionsarbeit in Ghana, 1834 in Südindien und 1847 reisen die ersten Missionare nach Südchina aus. Die Basler Mission unterhielt traditionell enge Verbindungen in den süddeutschen Raum, von wo viele ihrer Mitarbeiter und Spender kamen. Dabei spielte der 1855 gegründete Kollektenverein für die Basler Mission eine wichtige Rolle.